| 정정님 수필집 |

어떤 선물

도서출판 두남

책머리에

작고 어설픈 날갯짓을 해 보았습니다.

어렵겠지만 어쩌면 날 수 있겠다는 기대감에 글을 쓰기 시작했습니다.

오래된 벗에게 밤을 새워가며 조곤조곤 이야기하듯, 마음속에 묻어둔 말들을 풀어냈습니다. 적지 않은 나이지만 지금이라도 글밭에 첫발을 내딛게 되어 참 다행이라고 생각합니다.

제가 풀어낸 글 속에 혹여 티끌이 보이더라도 그냥 웃어 넘기시면 좋겠습니다. 제 민낯을 보인 것 같아 부끄럽거든요.

항상 잘하고 있다는 칭찬과 할 수 있다는 자신감을 심어 주신 평생교육원 한경선 교수님께 깊은 감사의 마음을 전합니다. 늘 바쁜 중에도 기꺼이 그림을 내어준 여동생과 시누이에게도 감사드립니다.

그리고, 언제나 내가 하는 일을 긍정적으로 봐주는 남편과 크고 작은 엄마의 삶 자체를 응원하는 두 딸이 고맙고, 지금 이 자리에 서 있는 나 자신에게 감사합니다.

한차례 봄빛님이 지나간 마을 어귀에 때 이른 꽃잔디 봉오리가 톡톡 피기 시작합니다. 빛님을 머금은 핑크빛 꽃잎이 참 곱고 예쁩니다.

이천이십삼 년, 따뜻한 봄날
꽃잔디 마을에서 정정님

차 례

2부

태몽 값

3부

민달팽이의 집

4부

사연 있는 생일

5부

꿈을 이룬 꿈

1부

어떤 선물

청향 유옥경

1부

어떤 선물

내 마음의 과수원길

들판의 보리들이 덥다는 듯, 누런색 옷이 싫다며 훌훌 벗어던진다. 대신, 모내기를 마친 논들은 연두색과 내가 제일 좋아하는 초록색 옷으로 갈아입고 제법 멋을 내고 있다.

밖에 나가 돌아다니지 않고 집안에만 가만히 있으면 춥지도 덥지도 않은 유월 초, 이웃에서 형님 동생으로 알고 지내는 형님이 슬쩍 내 눈치를 살피며 말을 꺼내신다. 형님네 친정 동네에는 과수원이 많은데, 배 과수원을 하는 지인에게서 일을 도와달라는 연락이 왔다 한다.

요즘 시골에는 일할 사람이 너무 없어서 걱정이라며, 그런 힘든 과수원 밭일을 혹시 할 수 있겠냐는 듯 슬그머니 말꼬리를 흐린다. 난 그 말을 듣는 순간 속으로 쾌재를 불렀다. 머지않아 시골살이 할 꿈을 꾸고 있던 터라 겁도 없이 해보고 싶었다. 싱그럽고 활기 넘칠 것 같은 과수원, 그리고 내가 좋아하는 동요 〈과수원 길〉 노래가 떠올랐다. 〈과수원 길〉은 오랫동안 내 전화기 벨 소리로 사용할 정도로 좋아하는, 다섯 손가락 안에 꼽히는 동요다.

어린 시절 시골에서 살긴 했지만, 논이 많은 들녘이어서 과수원은 구경조차 하지 못하고 자랐다. 과수원 기억이라곤 내 나이 스물셋 꽃다울 때, 옆집 언니가 땅이 많아 부자라는 과수원 집 아들을 중매하겠다고 사진을 보여 줬던 것밖에는 없다. 그마저 과수원집은 일이 너무 많다는 이유로, 아버지의 단호한 거절에 선도 못 보고 물거품이 되어 버린 추억이 있다. 하지만 나는 노랫말이 예쁜 〈과수원 길〉이라는 노래를 참 좋아한다.

산들산들 부는 바람 사이로 싹둑싹둑 잘려 나가는 어린 배 열매들, 간격에 맞추어 크고 좋은 것만 남긴 채 아낌없이 잘려 나간다. 그럴 때마다 널빤지 위로 톡 톡 떨어져 떼굴떼굴 구르는 소리는, 상큼하면서도 청량감마저 들게 하여 재미있었다.

짙은 초록색 배 잎사귀 사이로 반짝거리며 비치는 눈부신 햇살, 탱탱한 예쁜 열매들 그리고 끝도 없이 넓은 초록 물결, 생각했던 그대로 싱그럽고 활기차다. "그때 그 과수원집 아들과 결혼할 걸 그랬나? 이렇게 재미있고 좋은데." 잠시 말도 되지 않는 이런저런 수다 떨며 형님과 나는 무척 신이 나 있었다.

몸은 조금 힘들었지만 그렇게 하루가 지나고 이틀째 되는 날은, 배를 종이로 싸주는 일을 했다. 하나하나 정성스럽게 싸주며 재미를 느낀 것도 여기까지였다. 삼 일째 되는 날부터는 너무 힘들었다. 배가 달린 높이에 맞추어 무릎을 구부렸다 폈다 하며, 플라스틱 박스 위에 올라갔다 내려갔다, 까치발을 들었다 내렸다를 반복해야 했다.

전혀 쓰지 않던 다리 근육들이 당기고 아팠으며, 배를 싼 종이가 풀어지지 않게 고정시키기 위해 핀을 꼭꼭 눌러 줘야 해서 손가락이 많이 아팠다. 거기에 더해 쭈그려 앉은 자세에서 위를 올려다봐야 했기에 목덜미가 뻐근하고 시큰거렸다.

한 봉지씩 쌀 때마다 재미는 있었지만, 어렸을 적 아버지 따라 뙤약볕에서 고추 따는 일보다 훨씬 더 힘이 들었다. 여덟 명이 4인 1조로 나누어 트랙터 두 대로 움직였는데, 그 아주머니들은 오래전부터 이 일을 했다고 한다. 그래서 그런지 손이 아주 빠르게 잘들 하셨다.

내가 보기에 그분들은 전혀 힘들어 보이지 않았지만, 사실은 힘이 들고 아픈 곳도 많다고 했다. 하기야 나이가 60대 후반에서 70대 초반이라 하니 이런 일을 하기에는 무리가 있겠지. 일은 힘들었지만 중간 중간 후덕해 보이는 안주인의 정성이 담긴 새참과 점심밥, 그 맛이란 꿀맛과도 바꾸고 싶지 않을 정도였다.

몇 해 전부터 남편이 퇴직하면 귀촌하려고 마음을 먹고 시골살이 여러 일들을 알아보던 중, 겁 없이 뛰어든 닷새간의 소중한 체험으로 역시 귀농은 어렵다는 것을 실감했다. 시골살이를 하더라도 농사지을 생각은 애당초 없었던 터라 소일거리로 작은 텃밭 하나 가꾸는 것으로 만족해야 한다는 마음이 더 굳어졌다.

난생처음 해 본 과수원 밭일이 생각처럼 쉽고 재미있는 것만은 아니었지만, 먼 훗날 웃으며 이야기할 추억거리 하나가 되어 주기엔 충분하였다. 예쁜 노랫말처럼 그 과수원 들어가는 입구는 동구 밖도 아니었고, 아카시 꽃도 없었지만, 내 마음속에는 아카시 꽃 하얗게 핀 한가롭고 낭만적인 과수원 길이 자꾸만 그려졌다.

어떤 선물

"얼마나 볼 것이 많기에 이렇게 입장료가 비싸지?" 딸에게 물었다. "글쎄 들어가 보면 알겠지요." 십 수 년 전 남편과 나는 튀르키예에 살고 있는 큰딸과 함께 이탈리아 여행을 갔을 때의 일이다. 이탈리아의 수도 로마, 그 안에 있는 세계에서 가장 작은 나라 바티칸 시국. 그때 1유로에 얼마였는지 모르겠지만 바티칸 입장료가 우리 돈 18.000원 정도였다고 기억된다. 꽤 비싸다는 생각이 들었다.

그 무렵 유럽의 다른 곳이나 우리나라의 어느 관광지를 가도 그렇게 비싼 입장료는 없었기 때문이다. 성수기엔 바티칸의 높은 돌담 앞 넓은 광장에 길게 늘어선 줄에서, 두 시간 이상 기다려야 입장할 수 있다고 했다. 다행히 우린 비수기인 1월 중순 이른 아침 시간이어서 쉽게 들어갈 수 있었다.

난 그림 잘 그리는 친정어머니를 닮지 않았는지 그림을 너무 못 그린다. 배우고 싶은 생각도 있었지만, 이런저런 핑계로 쉽지 않았다. 특히 그려보고 싶은 그림은 절에 있는 탱화였다. 탱화는 볼 때마다 마음이 차분해지며 신비로워 보이기까지 했다. 어쩌면 꼭 그려보고 싶다는 생각보다 신비스러움이 좋아서 더 끌렸는지도 모른다.

아! 놀라웠다. 난생처음 본 화려하고 웅장한 그리고 어마어마한 성화들이었다. 고개를 들어 시스티나 성당 안의 천장화를 보는 순간 그림에 압도당했다. '천지창조', '아담과 이브의 동산', '최후의 심판' 등 온 천장과 벽에 빈틈없이 그려져 있다. 여차하면 살아 움직일 듯 펼쳐진 방대한 성화들. 최고의 거장 미켈란젤로가 4년이라는 긴 세월 동안 그렸다고 했다. 감동 그 이외의 어떤 말로도 표현할 수가 없었다.

그림에 대해서는 문외한이었던 나는 눈이 휘둥그레진 채, 온몸의 신경이 다 곤두서고 가슴은 쿵쿵 뛰었다. 이런 그림을 직접 볼 수 있다니! 신비스럽다 못해 신령스러움에 빠져 잠시도 눈을 뗄 수 없었고, "후" 긴 호흡을 내뿜으며 숨조차 제대로 쉴 수 없어 멈칫거렸다. '최후의 심판' 그림에서는 죄지으면 금방이라도 지옥에 떨어져 처참한 꼴이 될 것 같은 생생함에 또 한 번 놀랐다. 그동안 사찰의 탱화나 봐왔던 나는 우물 안 개구리였다.

요즘 같으면 인터넷을 통해 어지간한 상식 정도는 미리 알고 갔을 텐데, 여행계획을 딸 혼자서 했고 우린 그저 계획대로 따라가는 여행이어서 그 성화에 대해 전혀 무지한 상태였기에 놀라움도 더 컸다.

플래시를 터뜨리면 그림이 변색된다는 이유로 그곳은 촬영 금지 구역이었다. 아쉽게도 사진 한 장 남길 수 없었다. 조용히 해야 했기에 옆 사람과 얘기도 못 하고 눈으로만 감상했다. 그곳을 지나 시국의 다른 관람코스를 가는 길에 르네상스가 어떻고 프레스코화 기법이 어떻고 등, 앵무새처럼 줄줄 외워대는 가이드의 설명은 들리지도 않았다. 그냥 소음일 뿐이었다. 도무지 그 감동의 도가니에서 벗어날 수가 없었다.

미로 같은 길을 지나며 이곳저곳 눈길 돌리는 곳마다 모두 교과서에서나 봤던 유명한 조각상과 그림들이었다. 몇 백 년이 지난 지금도 금방 그린 것처럼 생생히 보존해 온 것도 놀라웠다. 아련한 꿈에서 깨어나듯 정신을 차렸을 땐 마치, 그림 속 시대를 살다 나온 것처럼 머릿속이 온통 혼돈으로 엉켜 있었다.

고대 이집트에서 태양신을 숭배한다는 상징으로 만든, 오벨리스크가 세워진 광장을 지나 베드로 성당에 갔다. 베드로의 무덤 위에 성당을 지었고 세계에서 가장 큰 성당이라 했다. 유럽은 어딜 가나 크고 오래된 성당들을 많이 볼 수 있었다. 성당 안에 들어서는 순간 계속 놀라움의 연속이었다. 규모가 얼마나 큰지 감히 크기를 가늠조차 할 수 없었다.

역시 베드로 성당 안에도 헤아릴 수 없을 만큼의 성화들로 가득 차 있었다. 마침 그곳에 도착했을 땐 미사 중이었는지 드넓은 성당에 성가가 울려 퍼지고 있었다. 성당 안이 높고 넓어서인지 성가의 울림은 깊숙한 동굴 속에서 반사되어 나오는 메아리처럼 신비스러웠고, 그동안 잠자듯 고요한 내 마음에 큰 파장을 일으켰다. 뭔지는 알 수 없지만 경건하고 영적인 분위기 속으로 빨려 들어가는 느낌이었고, 온몸에 소름이 쫙 돋았다.

그동안 지인들로부터 성당에 다니라는 권유를 여러 차례 받았었다. 그럴 때마다 죄짓지 않고 착하게 살면 되지 뭐 하러? 약간은 부정하며 귓등으로 흘려버리곤 했다. 그런데 그 순간 믿지도 않고 알지도 못하는 하느님께 켜켜이 쌓여있는 내 인생의 무거운 짐들과, 이룰 수 없어 포기했던 아픈 마음속의 말들을 털어버리고 싶다는 생각이 마구 솟구쳤다. 나도 모르게 어느 고해소 앞에 섰다.

"어찌하여 돌고 돌아 이곳 바티칸까지 나를 불러 세웠습니까? 미약하고 못난 나를 당신 앞에 세우려고 그렇게도 많은 날을 가슴앓이 시켰습니까?" 서툴지만 작은 떨림의 소리로 늘 염원하던 일들을 두서없이 기도로 토해냈다. 꽉 막혀 있던 속이 뻥 뚫린 듯 후련해지며 '이제부터 당신의 말씀을 믿고 따르겠습니다.' 무엇에 홀린 듯 나는 몇 번이나 다짐했다.

여행 마지막 날이라서 오후엔 자유시간이 주어져, 하루 동안 바티칸을 관람할 수 있게 되었던 것이 나에겐 행운이었다. 성당 다니는 지인들에게 줄 선물로 다양한 성물을 사고, 지금 당장은 아니지만 나중에라도 혹시 내가 성당에 나가게 되면 꼭 필요할 것 같아 내가 쓸 묵주도 샀다. 묵주로 뭘 어떻게 하는 것인지도 정확히 몰랐지만 마음속 절반은 이미 성당을 향해 가고 있었다.

그리고 딸에게 말했다. 입장료 18,000원이 절대 비싸지 않았다고. 지금의 심정은 주먹만 한 크기의 다이아몬드를 준다 해도 바티칸 여행과 바꾸지 않겠다고.

우연이었을까? 신기하게도 귀국해서 2주일쯤 지난 어느 날, 그토록 바라고 바라던 꿈이 현실로 이루어졌다. 돌아가기엔 너무 멀리 와버린 일이었기에 수년 전에 이미 포기해 버린 일이었다. 이루어지기가 너무 어려웠던 일이라, 원하던 좋은 소식을 듣고도 전혀 믿기지 않아 그냥 덤덤했었다.

긴 세월 동안 시간강사였던 남편이 아무런 조건이나 대가 없이 본인의 노력만으로 교수 임용된 것은 바티칸에서 보내준 큰 선물이라 생각했다. 그해 꽃 피던 삼월에 성당에 나가 교리 공부 마치고 단풍색 짙어가는 시월에 세례를 받았다.

올해 지난 삼월 초에 성당 교우 넷이서 서유럽 여행을

다녀왔다. 성당에 다니는 사람들이니 바티칸은 꼭 봐야겠다는 의견들이어서, 난 이미 다녀온 곳이었지만 어쩔 수 없이 동참해야 했다. 요즈음 용두사미 격으로 식어가고 있는 내 신심도 돈독해지길 바라면서, 옛날 일이 되어버린 바티칸의 추억을 다시 한번 떠올렸다.

한 시간 이상 줄을 서서 기다린 끝에 시스티나 성당에 입장 할 수 있었다. 입장한 시스티나 성당은 너무 많은 사람들로 인해 떠밀려 다니다시피 했다. 힘들었던 삶을 보듬어주고 우리의 힘으로는 이룰 수 없던, 큰 선물을 준 베드로 성당에서 진심으로 감사의 두 손을 모았다.

로마 시내에 있는 콜로세움, 판테온신전, 포로로마노, 트레비분수 등 그 당시 내 마음을 사로잡았던 그 명소들을 다시 관람하였다. 그러나 그때 느꼈던 감동을 다시 느낄 수는 없었다. 트레비 분수에 뒤로 서서 동전을 던지면 다시 온다는 속설이 있다. 십 수 년 전에 재미 삼아 던졌는데 그 말이 맞아 다시 오게 되었을까? 그러나 이번엔 던지고 싶지 않았다. 그리고 나중에 누군가가 말해 주었다. 바티칸은 너무도 신비스럽고 황홀해서 모든 여행 다 하고 맨 마지막에 가야 하는 곳이라고.

좋은 인연

부스럭부스럭 딸아이가 또 짐을 꾸리기 시작한다. 제 키보다 조금 낮은 여행 가방에 요 며칠 동안 사 날랐던 물건들을, 저울에 올렸다 내렸다 무게를 재가며 차곡차곡 채우기 시작한다. 거의 일 년에 한 번씩 12년째 이러고 있다.

또 먼 길 떠나야 하는 날, 단 한 하루의 시간이 아까워 가는 해를 붙잡고 싶지만, 열흘이라는 시간은 빠르게 지나갔다. 부러울 것 없이 세상을 다 얻은 것 같았던 만날 때의 반가움은 사라지고, 돌아가야 한다는 것을 뻔히 알기에 회오리바람 스친 것처럼 가슴 한구석이 휑하다. 섭섭함을 내색하지 못한 채 속으로만 끌어안고 삭히며, 기약도 없는 다시 만날 날을 생각하며 애써 마음을 다독여본다.

그동안 연약해 보이는 작은 체구로 제 키만큼 큰 가방

을 끌고 다니는 것을 보면 마음 한구석이 짠하고 안쓰러웠다. 삼 년 전 결혼하고부터는 옆에 든든한 짐꾼이 함께한다. 백년손님을 짐꾼이라 해서 미안한 말이지만, 딸아이와 나는 가끔 애칭으로 그를 짐꾼이라 불러준다. 혼자서 힘들게 다닐 때보다 훨씬 마음이 놓이고 든든해 보여서 좋다.

어느 말쟁이가 지어낸 말이겠지만 자식은 전생에서 빚쟁이가 내 자식으로 온다던가? 자식이 태어나는 순간부터 온 정성을 다 쏟아 빚을 갚듯, 다 주고 또 주어야만 좋아한다는 뜻에서 나온 얘기인 듯싶다.

그런데 이역만리 먼 나라에 살고 있어서 일 년에 한두 번씩 짐을 꾸리는 큰딸. 혹시 이 아이가 전생에 나의 부모님이지는 않았을까? 아니면 우리가 그 아이에게 많은 것을 베풀고 이 세상에서 다시 인연을 맺은 것일까?

야무지고 당찬 아이, 어려서부터 수월하게 성장하고 공부도 제법 잘해서 진학, 취업도 제 마음먹은 대로 순탄하게 잘 되었다. 대학에 입학하면서부터 모든 생활을 스스로 책임지고 부모에게 도움을 청하지 않은 아이, 오히려 부모인 우리가 몇 차례 어려운 처지에 있을 때, 우리를 위해 정신적으로나 물질적으로 버팀목이 되어준 아이이다.

먼 곳에 살면서도 늘 옆에 있는 것처럼 우리가 미처 생각하지 못하는 일, 이모저모를 살펴주고, 알아봐 주고 신경 써주는 자상하면서도 고마운 아이, 내 전화기에 '대단한 큰딸'이라는 애칭으로 저장되어 있는 아이이다. 딸이지만 친구나 동료처럼 속내를 털어놓을 수 있는 아이, 의견 차이로 가끔 티격태격하는 때도 있지만 돌아서면 언제 그랬냐는 듯 금세 친해진다. 지금 이 순간 우리에게 이 아이가 있음은 큰 행복이고 즐거움이다. 이젠 우리에게 신경 쓰지 않아도 된다 해도, 지금도 여전히 제 녀석이 부모라도 되는 듯 우리에게 베풀고 또 세심하게 보살펴 준다.

이렇게 든든한 아이는 어떤 인연이었기에, 세상의 모래알보다 더 많은 사람 중에 한 줄기 빛처럼 내려와 부모와 자식이라는 인연으로 맺어졌을까. 아무래도 난 알 수 없는 전생에서 좋은 일을 많이 한 사람인가 보다.

우리와 옷깃을 얼마나 많이 스친 인연이었기에, 외국인이 백년손님으로 들어왔을까? 딸아이가 먼 나라에서 살게 된 것도 어쩌면 부부로 맺으라는 인연을 찾아간 것이 아닌가 싶기도 하다. 외국에 산다 해서 모두 외국인을 짝으로 맞는 것은 아니니까. 특별한 인연으로 듬직하게 우리 곁에 온 백년손님을 반대할 이유가 없었다. 다만 서로 아끼고 존중하며 잘 살아가기를 바라는 마음뿐이었다.

지난 사월 온 동네 꽃들이 서로 시샘하듯 흐드러지게 피어 자태를 뽐낼 무렵, 휴가차 딸과 사위가 함께 귀국하였다. 이 아이가 올 때가 되면 언제나 마음은 반가움과 기쁨으로 설레지만, 곧 돌아가야 한다는 생각에 늘 아쉬움이 앞서기도 한다. 오랫동안 함께 하고 싶지만 정해진 열흘이라는 시간이 꿈결같이 흘러갔다. 함께 보고, 먹고, 자고, 대화하는 짧은 순간만으로도 우린 충분히 행복하고 만족해야만 한다. 이토록 좋은 우리의 인연 사이에 보이지 않는 어떤 시샘이라도 끼어 있는 것일까? 가까이서 자주 볼 수 없는 인연이니 말이다.

너무 멀리 살고 있어 다시 또 일 년이라는 시간이 흘러야만 만날 수 있다. 물론 요즘은 통신 수단이 좋아서 거의 매일 얼굴 보며 통화할 수 있지만, 그래도 보고 싶을 때 바로 볼 수 없어 마음 한곳이 늘 허전하고 애잔해지는 아이다.

그 아이가 결혼 삼 년 만에 우리에게 또 하나의 소중한 인연을 선물해 주었다. 새 생명을 잉태한 지 5개월째라 한다. 참으로 고맙고 감사한 일이다. 이제는 딸에게 더 이상 바랄 것이 없다. 그동안 딸이 우리에게 해주었던 만큼 새 생명을 소중하게 생각하며, 제발 우리처럼 멀리 떨어지지 말고 가까이서 살아갈 수 있는 인연이 되길 간절히 소망할 뿐이다.

오늘도 큰 가방 싣고 출국장 뒤편으로 멀어지는 딸아이의 뒷모습에 울컥, 목이 막혀 넘어가지 않는 뜨거움을 삼키며 혼잣소릴 해 본다. "먼 길 보낼 때마다 가슴이 미어져야 하는 이런 인연이 과연 좋은 인연일까?" 무너지는 가슴을 안고 돌아서는 내 마음을 회오리바람은 다시 한번 훑고 간다.

불청객

가무잡잡하고 작은 체구를 가진 의사 옆에 우리 부부는 다소곳이 서 있었다. 그의 입을 통해 제발 겁난 얘기가 나오지 않기를 바라며, 지은 죄도 없으면서 숨을 죽이고 마음을 졸였다.

"이미 자리 잡았는데요? 뇌경색입니다." 어젯밤에 찍은 내 머리 MRI 사진을 판독하며 별거 아닌 양 약간 사무적인 어투로 툭 한마디 던졌다. 순간, 그 의사의 얼굴은 더 검게 보였고, 응급실의 모든 형광등 불빛은 푸르스름하고 차갑게 느껴져 온몸에 소름이 돋았다.

두어 달 전 어느 날 아침, 갑자기 말투가 어눌해진 느낌이 들었다. 나 자신은 그 증상을 알겠는데 다른 사람들은 잘 모르겠다고 했다. '괜찮아지겠지' 하는 가벼운 생각으로 하루가 지나고 저녁 식사까지 끝났을 때 친구한테서 전화가 왔다. 한참 통화 도중에 내 말소리가 이상하다고 했다. 발음 새는 소리가 나면서 약간 어눌하게 들린다고 했다.

그 말을 듣는 순간 갑자기 얼굴이 벌겋게 달아오르며 정신이 번쩍 났다. 이러고 있을 때가 아니지, 급히 서둘러 남편을 재촉하여 대학병원 응급실로 향했다. 작년부터 혈압약을 복용하는 중이었는데도 수축기 혈압이 195에 이완기 혈압이 88이라는 놀라운 수치로 올라가 있었다.

야간에 전문의가 없는 응급실 상황은 한 번쯤 가본 사람들은 거의 다 알고 있으리라. 인턴인지 간호사인지 이 사람이 와서 이것저것 물어보고 가면, 조금 있다가 또 다른 사람이 와서 똑같은 얘기를 또 묻곤 했다. 그 일을 몇 차례나 반복한 후, 머리 CT 촬영을 시작했다. 그리고 뭔가 뇌신경에 이상한 점이 발견된다고 하여, MRI 촬영까지 끝냈지만, 내일 아침 담당 의사가 판독해야 정확한 결과가 나온다고 했다.

오른쪽 뇌 동그란 모양에서 뻗어나가, 머리카락처럼 가느다랗게 퍼져있는 실핏줄들 끝이 허옇게 보였다. 정상이라면 검게 보여야 하지만 허옇게 보이는 부분이 막힌 혈관들이라 했다. 그나마 다행인 것은 언제부터인지는 모르게 이미 자리는 잡았어도, 아주 약하게 온 상태여서 크게 걱정은 하지 않아도 된다고 했다. 하지만 약은 평생 먹어야 한다는 달갑잖은 얘길 들어야 했다.

내가 알고 있는 상식으로는 뇌경색이란 중풍의 일종이 아니던가. 갑자기 중풍 환자들의 여러 모습이 떠오르고 가슴이 두근거리며 덜컥 무너져 내렸고 자존심도 상했다. 내겐 너무나도 마음 아픈 가족력이 있었기에, 꿈에서라도 생각하고 싶지 않았던 불청객! 그가 하필이면 내게 왔단 말인가.

오십여 년 전 뇌졸중으로 쓰러져 25년이라는 긴 세월을 고생하시다 돌아가신 친정어머니의 삶이 떠올랐다. 오른쪽 수족을 전혀 쓰지 못한 채 죽음보다도 못한 한 많은 삶을 살다 가셨다. 그나마 나는 말이 어눌한 전조증상이 나타나 주어, 바로 치료할 수 있었으므로 불행 중 다행이라 했다. 그 옛날 어머니도 그런 증세가 있었겠지만, 아마도 어두운 시절이라 모른 채 그냥 지나갔으리라.

정신 못 차리게 바삐 움직이는 의료진들, 밤새 아프다 소리 지르는 사람, 숨이 꼴깍 넘어갈 듯 심하게 기침하는 사람, 꿈을 꾸는지 한밤중에 헛소리하는 사람, 온갖 소리들로 아수라장 같은 응급실을 떠나 다음 날 입원실로 옮겼다.

남녀노소를 불문하고 뇌신경 치료하는 사람들만 모여 있는 입원 병동이다. 같은 병실에는 호스로 음식을 들여보내는 아흔을 넘긴 할아버지가 계셨는데, 동공은 이미 흐려진 상태였다. 한마디 말도 못 하고 요양보호사의 손에 온몸을 맡겨야 하는 어린아이와 같다. 뇌수술 후 헛소리를 일삼는 오십 대 중반의 아저씨, 두 달째 치료 중이지만 큰 차도가 없단다. 살림살이는 포기했다는 부인이 간병 노동에 시달려 지쳐가고 있었다.

그리고 늙은 친정엄마가 보호자인 삼십 대 중반의 젊은 여자, 말이 어눌했으며, 수족을 쓰지 못해 휠체어에 의지하고 있었다. 결혼해서 아이들도 있을 법한데 집안 살림은 누가 할까, 어떻게든 딸을 일으켜 세워보려고 온 힘을 다 쏟는 칠순의 노모가 처절해 보였다. 중환자가 있는 집안은 정상적 생활 유지가 어렵다는 것을 잘 알고 있기에, 그런 안타까운 현실을 바로 눈앞에서 마주칠 때마다 코끝이 찡해졌다.

우리 몸의 어떤 부분도 마찬가지겠지만, 특히 뇌가 손상된 병이 이렇게나 무서운 결과를 줄 수 있다는 것을 다시 한번 크게 느끼게 해 준 시간 들이었다. 나는 다행히 일주일간의 약물치료 후 퇴원할 수 있었다.

이십여 년 전 교통사고로 인해 입원한 일 말고는 지금까지 건강하다 자부했었기에 크게 아파 입원하여 치료하는 것은 남의 일로만 알았다. 그동안 난 건강하여 주변의 사람에게 불편함을 주지 않았다는 것을 자랑스럽게 생각하며 살아왔다.

지금도 그랬지만 이제부터는 모든 일에 더 낮은 자세로 매사에 감사하며 살아야겠다는 마음과 조금은 우울하고 약해진 마음도 갖게 해 준 일주일이라는 짧은 기간에 참 많은 생각들을 하게 했다.

여러 매체를 통해 이미 상식적으로 어느 정도 알고는 있지만, 병원에서 뇌경색 환자로서 지켜야 할 식단과 피해야 할 음식들, 규칙적인 운동 생활 습관들이 기록된 작은 책자를 주었다. 너무나 기본적인 것들이어서 쉬워 보였지만, 막상 실천하려니 그동안 편하게 살아온 습관 때문에 쉬운 것만은 아니었다.

하지만 특히 피해야 할 음식 중 프림이 들어간 커피는 마시지 말라는 식단표를 받아 든 순간, 그것이 가장 지키기 어려울 것 같았다.

온 가족의 사랑을 듬뿍 받던 믹스커피를 다 치웠다. 가끔은 그 맛이 그립기도 하지만, 하루에 서너 잔씩 마시던 믹스커피를 지금까지 잘 참아오고 있다. 무서운 불청객을 꿈에도 다시 맞이하고 싶지는 않으니까.

어린 시절 겨울이야기

어릴 적 시골에서의 겨우살이 준비는 김장 때 부터가 아닌가 싶다. 김장하는 날은 명절 분위기였다. 어릴 적 철없던 나는 마음이 한껏 부풀어 학교 공부는 하는 둥 마는 둥 할 일도 없으면서 일찍 집에 왔다. 어머니와 동네 아주머니들은 추운 마당에서 벌겋게 언 손을 모닥불에 녹여내며 김장 품앗이를 했다.

그때는 지금처럼 20포기나 30포기 정도는 김장이라 할 수도 없었다. 직접 농사지어 100포긴지 200포긴지, 헤아릴 수 없이 많은 무랑 배추를 산더미처럼 쌓아놓곤 했다. 아버지와 오빠들은 뒤뜰 장독대 옆에 항아리 서너 개씩 묻으며 김장을 도왔다. 그곳에 배추김치, 동치미, 싱건지를 묻어놓고, 긴긴 겨울밤 고구마와 함께 야식으로 먹으며 행복해하던 시절이었다.

음력 정월 이맘때쯤이면, 토담집 담벼락엔 누렇게 퇴색한 시래기들이 찬바람에 부딪치며 서걱댔다. 안방의 질그릇 시루 속에서는 누구 키가 더 큰지 키 재기라도 하듯, 콩나물들이 서로 이마를 맞대고 소곤거렸고 수시로 물을 주는 어머니의 사랑을 듬뿍 받으며 자라고 있었다. 깜깜한 밤중에도 콩나물시루에서 떨어지는 물소리는 어머니의 자장가처럼 포근한 잠결을 토닥였다.

한쪽으로 비켜선 들창문 옆에는 칠 벗겨진 소반 위에서 싹이 트기 시작한 양파와 마늘, 그리고 컵 속에 담아둔 고구마의 싹이 좁디좁은 방 안에서 어린 우리들과 어깨를 나란히 하며 커가고 있었다.

밤새 뜨겁던 아랫목이 식은 아침이 되면, 윗목에 자리끼로 떠다 놓은 노란 양푼의 숭늉 위는 살얼음이 얼어 있었다. 세수하고 문고리 잡을 때면 손이 쩍쩍 달라붙어 감전된 것처럼 따끔거려서 놀라기도 했다. 어디 그뿐이었나, 밥상 위의 반찬 그릇들은 주르륵하고 미끄럼을 탔다. 빨래 끝에는 고드름이 얼었고, 뻣뻣해진 얇은 옷은 잘못 건드리면 찢어지기도 했다.

그때는 눈도 참 많이 왔다. 찬바람에 문풍지 윙윙대고 바르르 바르르 떨어대며 심하게 눈보라 치는 날에는, 얇게 깎아 얼기설기 엮어 만든 댓 창살 위에도 소복소복 눈이 쌓였다. 밤새 내린 하얀 눈을 지붕 가득히 이고 있는,

온 동네 초가지붕들은 왕버섯 모양을 하고 아침 햇살을 눈이 부시게 받아냈다. 십 리쯤 되는 초등학교 가는 길은 무릎까지 쌓인 눈 때문에 발이 시려 동동거리며 걸어야 했다.

긴긴 겨울을 보내기 심심한 오빠들은 참새잡이를 했다. 흰 눈이 수북하게 쌓인 마당가에 볍씨 한 줌 뿌려놓고 떡 치는 안반(떡판)을 기대어 세운 막대기를 새끼줄로 묶었다. 긴 줄은 마당을 가로질러 안방까지 들여놓고, 문구멍으로 '매의 눈'을 하고 참새 떼를 기다렸다. 배고픈 참새 떼가 볍씨 위에 날아든 순간 새끼줄을 낚아챘다. 여우처럼 눈치 빠른 놈들은 잽싸게 도망가고, 곰처럼 둔한 놈들은 꼼짝없이 잡혔다.

밤에는 플래시를 들고 오래된 초가집 처마 밑을 뒤지기도 하였다. 오빠들의 극성으로 마지못해 먹어본 참새고기 맛은 지금은 전혀 기억나지 않는다.

모두 생활의 편리함만 추구하며 수십 년을 잊고 살아온 시절의 일들이다. 지금이야 조금만 추우면 버튼 하나로 따뜻해지고, 손가락 몇 개만 움직이면 가만히 앉아서 온 세상을 다 볼 수가 있다. 살아가기가 어렵다고들 하지만, 어지간한 일은 마음먹은 대로 다 되는 요즈음이다.

추워서 겨울이 싫다는 사람도 있다. 하지만 겨울을 제일 좋아하는 나는 언제쯤 짊어진 인생의 무게 다 내려놓고, 어린 시절 그 겨울로 돌아갈 수 있을까 하는 생각을 할 때마다 마음만 급해진다. 당연히 옛날처럼 낭만적이고 마냥 신나지만은 않을 것이다. 하지만 조금 추우면 어떻고 불편하면 어떤가. 십여 년 전부터 귀촌을 꿈꾸고 있지만 아직은 아니라고 발목을 잡는 걸림돌들이 있다.

그 시절을 그리워하며 지금도 김장이 끝나면 꼭 시래기 서너 타래씩 엮어 달아매곤 한다. 토담이 아닌 아파트 베란다에. 정겨움이 훨씬 덜하지만, 어린 시절 생각하며 겨울에는 간간이 콩나물도 직접 길러 콩나물밥도 해 먹고, 무밥, 시래기밥도 해 먹는다.

하루빨리 수수 빗자루로 토방에 쌓인 눈 쓸어내고 아궁이에 군불 지피고 살 수 있는 작은 소망을 꿈꿔 보지만, 그 꿈은 아직 저만큼 서 있고 아무도 몰라주는 서러운 내 인생의 세월만 자꾸 흘러간다.

돌고 돌아온 길

푸른 바다 속에 우뚝 솟아있다. 거대한 성채처럼 보이는 성산 일출봉을 저만치 두고 섭지코지로 향했다. 아름다운 해안 도로를 따라 굽이굽이 돌아가는 길가에는, 흐드러지게 핀 노란 유채꽃과 밝은 햇살에 더욱 푸른빛을 띤 바닷물이 눈을 호사시킨다.

"훅"하고 잠시 숨을 고르는 사이 기분 좋게 불어오는 해풍에 가녀린 유채꽃들이, 간지럼을 못 견디는 어린아이처럼 온몸을 흔들거린다. 코의 끄트머리를 닮은 것처럼 삐죽이 나온 지형이라서 섭지코지라 하는데, 긴 거리는 아니었지만 돌고 돌아가는 굽은 도로였다.

어느 목적지를 갈 때 하나로 나 있는 길은 대부분 직선으로 가면 빠르고 쉽다. 하지만 여러 갈래로 나누어진 길은 어떤 길이 빠르고 쉬운 길인지 알 수가 없어 앞이 보이지 않을 때 답답하다.

대학 졸업 후 작은 딸아이는 취업을 위해 여러 개의 길 중 어느 한 길을 택했다. 그 길은 딸의 성격과 잘 맞고 끝이 금방 나오리라 생각하며 걸었다. 처음에는 평평한 길이었지만 중간에 자갈길도 있고 심심찮게 장애물도 나왔다. 하지만 그런대로 걸을 만했고 곧 목적지에 도달하리라는 굳은 믿음으로 '이것쯤이야' 하고 참고 걸었다.

봄여름 가을 겨울 계절이 여러 번 바뀌었다. 그 아이가 들어선 길은 가도 가도 끝이 보이지 않는다. 결국 끝이라서 내려다보면 절벽이었다. 지치고 힘들었지만 걸으면서 보고 익혀온 것들을 양분 삼아 마음을 추스르고 다시 걷는다. 하지만 원하는 목적지는 보이지 않고 또 절벽이다.

깊은 고뇌 끝에 목적지 가는 길의 살짝 옆길을 택했다. 그 길은 원래의 목적지에 어쩌면 맞닿을 수 있는 길이다. 걷기가 훨씬 수월해졌고 2년 만에 원하는 곳에 내놓을 수 있는 자격증도 획득했다. 그런데 한 달 동안 실습을 마친 뒤, 그 일은 본인의 적성과 전혀 맞지 않아 도무지 할 수가 없다고 했다. 그럼 애당초 하지 말지 한 해 두 해 의미 없는 세월이 또 지나가 버렸다.

대학 때 과 수석에 장학금 받아 가며 다녔지만 기분 좋은 것은 그때뿐이었고, 막상 사회에서 직업을 찾는데 너무 긴 시간이 흘러버렸다. 밖에서는 꽃이 피는지 눈이 오는지 세월을 느끼지 못한 채, 이십 대의 꽃다운 시절을 공부 속에 묻혀서 아름다운 추억거리 하나 없이 흘려보냈으니 안타깝다.

쉽게 가는 길이 있었으면 좋으련만. 그 아이가 왜 이렇게 앞이 보이지 않는 험난한 길에서 헤매고 있는지. 어느 날 마음속의 길이 말했다. 가야 할 길이 옆에 있는데 왜 애먼 길을 가고 있냐고. 바다는 메워도 사람의 욕심은 채울 수가 없다지만, 욕심을 비우고 눈높이를 조금만 낮추면 되는 것을.

어느 날 세무사로 있는 여동생이 살짝 귀띔했다. 본인이 하고 있는 분야의 일을 해 보면 어떻겠냐고. 세무사 자격증을 취득하기엔 너무 어렵고, 간단한 자격증만 있으면 세무 회계할 수 있는 업무를 해도 괜찮은 직업이라고. 예전에 말하려고 했지만 처음 택한 그 길이 목적지에 제대로 도착만 한다면, 좋은 길이라는 것을 알기에 선불리 권할 수가 없었다고 했다. 한 사람 인생을 좌우하는 일이라서.

다급한 마음에 생각할 겨를도 없이 결국에는 동생이 말해 준 그 길로 들어섰다. 워낙 속이 깊은 아이라서 말이 없을 뿐이지 마음속엔 드러나 보이지 않는 상처가 꽤 깊을 것이다. 공부의 분야가 전혀 달라서 쉽지 않겠지만 그래도 그 일을 순순히 받아들였다. 따스한 봄은 혹독한 겨울을 겪지 않으면 올 수 없다고, 역경은 지나가는 바람에 불과하다고, 늦었지만 늦은 것이 빠른 것이라는 귀에 들리지도 않는 억지 위로를 했다.

서너 달간 학원을 오가며 공부한 끝에 동생이 말해준, 세무회계 계통에 내놓을만한 기초적인 자격증 두 개를 획득했다. 그것을 내세워 지난해 초겨울쯤 처음으로 이곳저곳 이력서를 냈지만, 오라는 곳이 없어서 또 잘못된 공부를 했나 싶어 다시 후회가 됐다. 지금까지는 공부만 하느라 직접 부딪히지 않아서 취업하기가 이렇게 어려운 줄 몰랐다. 이력서를 백여 통 정도 내야 대여섯 곳에서 면접 보러 오라 한다는 말이 실감이 났다.

잔뜩 내려앉은 집안 분위기에 머릿속은 뒤숭숭하고, 일이 제대로 손에 잡히지 않아 심란한 연말쯤, 드디어 몇 군데에서 면접을 보러 오라는 연락을 받았다. 아! 면접을 보러 오라는 말만 들어도 취업이 된 것처럼 기뻤다.

서너 곳에서의 면접을 본 끝에 두 곳에서 근무 제안을 받았다. 조금이라도 더 마음이 끌리는 곳으로 골라서 갈 수 있는 여유가 생겼다. 이럴 수도 있다니!

자기가 필요해서 꼭 쓰려던 것이 없으면, 아쉽지만 그와 비슷한 것을 대신 쓰는 〈꿩 대신 닭〉이라는 말이 있다. 원래 이 아이도 빛깔 곱고 화려한 깃털을 가진 꿩이 되려고 했다. 많은 노력과 시간을 보냈지만 쉽지 않았고 눈높이를 낮출 수밖에 없었다.

워낙 차분하고 성실한 아이여서 제법 인정받으며 올 1월부터 직장 생활을 하고 있다. 비록 가고자 했던 길은 아니었지만, 그 아이가 가야 할 길이 여기에 있음을 모르고 긴 세월 동안 돌고 돌아왔다.

첫 직장에서의 첫 휴가를 얻어서 처음으로 혼자서 그럴듯한 여행 계획을 세워 아빠 엄마를 초대했다. 어느 여행보다 더 뜻 깊은 여행이었기에 사흘 동안의 화창했던 제주도 날씨만큼이나 우리의 마음도 상쾌하고 들떴다.

돌고 돌아 굴곡이 심한 섭지코지 길이었지만 전설처럼 많은 이야기와 아름다운 절경을 선사하듯, 늦게 시작한 이 아이의 앞길도 그동안 내면에 쌓인 실력과 꿈들을 펼칠 때 어쩌면 으뜸이 될 수 있겠다는 희망을 보았다.

벨 소리의 수난

초등학교 저학년 시절, 선생님께서는 전혀 믿기지 않는 이야기를 하셨다. 서울에 사는 부잣집들은 전화라는 것이 있어서 멀리 살아도 서로 이야기를 주고받고 할 수 있다고 했다. 얼굴을 볼 수도 없이 멀리 있는데 어떻게 말소리를 들을 수가 있을까? 어린아이 수준으로는 도저히 이해가 되지 않았다.

오래전 처음으로 집 전화가 아닌 내 휴대폰이 생겼다. 나도 이제는 신세대 또는 문화인이 된 것처럼 날아갈 듯 기분이 좋았다. 두 딸들은 문자 보내는 방법, 사진 찍는 방법, 음악을 들을 수 있는 방법 등 이것저것 알려주려 했다. 하지만 새로운 것을 배운다는 것이 어렵고 귀찮아서 난 극구 반대했다. 연결선 없이 아무 곳에서나 전화 걸고

받을 수 있다는 것만으로 그냥 좋았으니까.

따르릉! 따르릉! 맨 처음 내 전화벨 소리였다. 어느 날 나보다 훨씬 먼저 휴대폰을 가지고 다니던 친구가 말했다. 따르릉 소리는 옛날 사발시계 소리 같아서 촌스럽다며 좋아하는 음악으로 바꾸라 했다. 지금도 동요를 좋아하는 나는 '엄마가 섬 그늘에 굴 따러 가면'으로 시작하는 〈섬 집 아기〉로 바꿨다.

얼마 못 가서 이번엔 딸들이 문제를 삼았다. 좋은 노래도 많은데 하필이면 섬 집 아기냐고, 가사가 슬퍼서 싫다 했다. 딸들 말을 잘 듣는 나는 또 바꿨다. 역시 좋아해서 다섯 손가락 안에 드는 동요 중 '동구 밖 과수원 길 아카시아 꽃이 활짝 폈네' 〈과수원 길〉로 바꿨다. 결국엔 또 동요냐고 딸들의 반응은 시큰둥했지만 가사 말이 정말 예쁜 노래여서 꽤 오랫동안 그 노래로 했다.

옛말에 듣기 좋은 노래도 한두 번이라고 이번엔 벨 소리에 대해 누가 말하지 않았는데도 살짝 싫증이 날 무렵, 그 시절 한창 유행했던 남진과 장윤정이라는 가수가 부른 〈당신이 좋아〉라는 노래로 바꿨다. 그러던 어느 날 어느 식당에서의 일이었다.

'아 꿀맛 같은 그대 사랑에 내 인생을 걸었잖아' 하고 내 벨 소리가 요란하게 울리는 순간 잠깐 몇 초 사이로 어떤 아저씨의 전화도 내 벨 소리처럼 똑같이 울렸다. 순간 깜짝 놀랐다. 새 옷을 입고 나갔을 때 누군가 똑같은 옷을 입은 것을 본 것처럼 별로 기분이 좋지 않았다.

벨 소리를 바로 바꿔 버렸다. '그 사람아 사랑아 아픈 가슴아 아무것도 모르는 사람아' 이승철의 〈그 사람〉이라는 노래로 바꿨다. 어느 날 남편이 말했다. 그 노래는 가사가 처량맞아 별로 좋지 않다고 벨 소리 바꾸면 어떻겠냐고.

나 원 참! 남편이 싫다는데 어려울 게 없다. 또 바꾸지 뭐. 또 좋아하는 가요 중 The Classic의 〈마법의 성〉으로 바꿨다. '자유롭게 저 하늘을 날아서 가도 놀라지 말아요. 우리 앞에 펼쳐진 세상이 너무나 소중해 함께라면', 누군가 나에게 전화해서 이 음악이 울릴 때마다, 한참씩 감상하느라 빨리 받지 않아 전화가 끊어지기도 했었다. 이번에는 아무도 내 벨 소리를 지적하는 사람이 없어서 오랫동안 좋았다.

그런데 아뿔싸! 가까이 알고 지내면서 매일 만나다시피 하는 옆집 형님이 조심스럽게 얘기를 꺼내셨다. 그동안 많은 생각을 했는데 내 벨 소리 들을 때마다 걱정을 했다 한다. 어떤 가수들은 자기가 부른 노래 가사 말처럼 되는 경우가 종종 있다며, 비행기 타고 자주 외국에 드나드는 사람이 '자유롭게 저 하늘을 날아서 가도 놀라지 말아요.'라는 노랫말이 자꾸 걸린다 했다. 괜한 얘길 거라고 그냥 스쳐 들었지만 생각해 보니 또 그럴듯했다.

이렇게 걸리는 게 많아서 이번엔 또 무슨 노래로 바꿀

까? 고민하다가 내가 좋아하는 윤도현의 〈나는 나비〉라는 노래로 바꿨다. '날개를 활짝 펴고 세상을 자유롭게 날 거야, 노래하고 춤추는 나는 아름다운 나비' 그리고 생각해 보니 이 노래 역시 자유로운 세상 어디론가 날아가고 싶다는 뜻이었다.

내가 살아온 삶을 뒤 돌아보았다. 어디에 얽매이고 무엇에 짓눌렸을까? 지금까지의 삶을 모두 털어버리고 비행기처럼 나비처럼 훨훨 날고 싶은 마음이었을까? 왜 이렇게 날아가는 노래를 좋아할까? 마음을 진정시켰다. 아직은 나와 맺어진 인연들을 두고 날아가 버리면 안 될 것 같아 애꿎은 벨 소리를 또 바꿨다. 역시 윤도현의 〈사랑했나 봐〉로. 꽤 오랫동안 쓰고 있지만 아직은 아무도 관심이 없다.

몇 년 전 남편과 대둔산에 다녀온 일이 있었다. 뉘엿뉘엿 해 질 무렵 집에 오는 길, 멀리서 살고 있는 딸에게서 화상 통화가 걸려 왔다. 한참 동안 수다 떨다가 하는 말이 20여 년 전 아빠가 한 말이 생각난다 했다. 머지않아 인터넷이 세상을 바꿀 거라고. 그땐 아무 생각 없이 들었는데 정말 맞는 말이었다고. 이역만리 튀르키예에서 대둔산 다녀오는 길, 차 안에 있는 엄마 얼굴 봐 가며 통화할 줄 누가 알았겠냐고 너스레를 떤다.

수십 년 전 어두웠던 시절에 이런 세상이 오리라고 감히 생각지도 못했다. 지금이야 손바닥 만 한 크기의 전화기 속에 온 우주가 다 들어 있어서 생활의 안내자 노릇을 하고 있다.

조금만 노력하면 이렇게 편리하게 쓸 수 있는데, 가장 쉬운 문자 보내는 것조차도 배우지 않으려 했던 내 무지스러움이 조금은 부끄러운 생각이 든다. 이제 없어서는 절대 안 될 이 전화기에 또 어떤 노래로 벨 소리를 바꿔 볼까 생각 중이다.

공생과 기생

눈 구경을 제대로 하지 못한 채 겨울이 지나가고 있다. 며칠 전, 조개류로 만든 음식을 좋아하는 내 식성을 잘 아는 친구로부터 전화가 왔다. 남편이 충청도 어느 바닷가에서 잡아온 홍합을 가져가라 했다. 양식이라 해도 좋은데 자연산이라는 말에 이것저것 생각할 겨를 없이 가져왔다.

양식 홍합은 색깔도 검은색에 가깝고 반짝반짝 윤이 나며 속살도 탄력 있고 깨끗하다. 친구 집에서 가져온 홍합은 자연산이라서 그런지 갈색 껍데기가 윤기 없이 투박했다. 그리고 바닷속에 있는 암초나 배 밑바닥에 붙어산다는 따개비와 굴, 심지어 해초까지 다닥다닥 달라붙어 있었다. 홍합 껍데기에 이렇게 많은 생명들이 붙어살다니, 홍합 꼴이 말이 아니었다.

라면상자에 가득히 담아 온 살아있는 홍합을 손질하려니 영화 〈기생충〉이 생각났다. 극과 극을 살아가는 두 가족의 이야기였다. 순간순간 가슴 찡한 장면과 평범한 삶을 살고 있는 사람들은 쉽게 다가설 수 없는 장면들이 지나갔다. 그냥 재미있다고 말하기엔 뭔지 모를 묘한 느낌이 드는 그 영화가 요즘 여기저기에서 상복이 터졌다.

처음 영화 시작할 때 웃으면서 부담 없이 보다가 갈수록 웃을 수가 없었다. 우리나라 최상위 계층과 최하위 계층의 삶을 번갈아 가며 보여줬다. 어떤 사람에겐 폭우가 삶의 터전을 송두리째 잃는 재난이 되는데, 어떤 사람들에게는 그저 미세먼지쯤 제거해 주는 고맙고 반가운 비 정도라니 …….

거북이 등껍질같이 투박한 홍합을 다듬기 시작했다. 거친 파도를 견디고 온몸에 들러붙은 생물들 등쌀에 숨 한 번 편히 쉴 수 없었을 것 같다. 물로 여러 번 씻고 겉에 기생충처럼 붙어있는 따개비와 굴을 칼로 긁어서 떼어냈다. 그것들은 단단히 붙어서 쉽게 떨어지지 않았다. 크기가 굵은 것으로 봐서 알맹이도 꽤 먹음직스러우리라 사뭇 기대되었다.

물이 끓기 시작하면서 불그스레하고 노르스름한 속살들이 톡톡 터졌다. 입안에 침이 고여 뜨거움도 잊은 채 몇 개를 먹는데 뭔가 이상했다. 큰 껍데기를 꽉 채운 알맹이도 있었지만, 그 큰 껍데기에 아주 작은 것들이 더 많았다.

알맹이를 하나하나 빼내며 자세히 보니 작은 알맹이 속엔 여지없이 콩알만 한 새끼 꽃게가 들어 있었다. 아니 이럴 수가 있나! 새끼 꽃게가 홍합을 파먹고 살았는지 아니면 홍합이 새끼 꽃게를 잡아먹었는지 알 수가 없었다. 홍합도 좋아하지만 꽃게도 좋아하는 나는 새끼 꽃게가 아까워서 따로 그릇에 모았더니 반 공기쯤 되었다.

악어새는 악어의 이빨 사이에 낀 찌꺼기를 제거해 주면서 배를 불리고, 악어는 이를 깨끗이 할 수가 있다고 한다. 개미와 진딧물도 서로 어울리지 않은 것 같지만 진딧물은 꽁무니에서 단물을 개미에게 내어주고, 개미는 진딧물의 장소를 옮겨 주거나 큰 벌레들을 쫓아주는 일을 한다.

이처럼 서로 다른 생물이 특별히 해를 주고받지 않는 상태에서 같이 살아가는 삶이 공생인데, 홍합과 새끼 꽃게는 공생인지 꽃게의 기생인지 알 수 없었다. 처음엔 홍합이 큰 입을 벌려 새끼 꽃게를 잡아먹은 듯 보였다. 자세히 보니 껍데기는 주먹 크기만 한 홍합 속살이 제대로 크지 못한 채 색깔마저 칙칙했다. 콩알만 한 새끼 꽃게가 홍합 속살을 먹은 것일까?

영화 속에서의 가난한 사람은 부유한 사람에게 기생했다. 한편으로 부유한 사람도 가난한 사람들에게 기생한 것이 분명하다. 가난한 사람은 생계를 위한 돈이 필요하지만 부유한 사람도 그들이 생활하는 곳곳에 누군가의 도움이 필요했다. 밥을 해주고, 빨래와 청소를 해주고,

아이를 돌봐주고, 운전해 주는 사람이 있었다.

우리 몸속에 있는 세포와 세균도 서로 공생한다는데, 우리가 사는 동안 어느 한쪽만 기생을 하는 것이 아니라 서로 공생한다. 영화는 그동안 내가 속해있는 크고 작은 집단에서 기생했는지 공생했는지 생각하게 했다.

거친 바다에서 살아보겠다고 비집고 들어온 새끼 꽃게에게 홍합은 몸을 비켜 자리를 내준 것이 아닐까. 아니면 새끼 꽃게는 추운 겨울을 나는 홍합에게 친구가 되어 주었을까. 쓸데없는 생각과 '어부지리'도 생각하며 홍합과 꽃게를 넣고 미역국을 끓였다. 몸속으로 따끈한 바다향이 퍼졌다. "이런 날, 함박눈이나 펑펑 내려줬으면 좋겠다." 하며 하늘을 본다.

한 지붕 두 나라

이제는 돌아가야 할 때가 되었나 보다. 집 떠나올 때 위장술로 꼭꼭 숨겨두었던 흰머리가, 두 달이라는 시간의 흐름 속에 앞 다투어 하얀 꽃을 피워댄다.

십여 년 전 처음으로 시작해서, 지난 구월 초에 네 번째로 튀르키예행 비행기에 몸을 실었다. 튀르키예에서 살고 있는 큰딸의 배려로 강산이 한 번 변한다는 기간 안에 무려 세 차례나 튀르키예 여행을 갈 수 있었지만 이번엔 달랐다. 가는 목적도 다르고 같이 동행하는 사람도 달랐다. 그동안 남편의 방학에 맞추어 한 달씩 튀르키예에 머무르며, 가까운 유럽의 몇몇 나라를 찾아 새로운 경험을 했다면, 이번에는 작은딸과 동행했고, 큰딸의 첫 출산을 돕기 위한 길이었다.

집을 떠나 두 달이라는 긴 여정을 작은딸과 함께 하는

것은 처음 있는 일이었다. 빗자루 한번 잡아 본 일 없이 더군다나 음식이라고는 라면밖에 끓일 줄 모르는 남편을 혼자 남겨둔 채, 오랫동안 집을 비우는 일도 처음이다. 나 없이도 이 집안이 잘 돌아갈까? 나에겐 그게 가장 큰 문제였지만, 잘 살아갈 테니 걱정 말라는 남편의 당당함에 일단 집 걱정은 접어두기로 했다.

첫 손주 만나러 가는 길, 이스탄불까지 열두 시간의 긴 비행, 그리고 또 환승해서 앙카라까지 1시간을 더 가야 했기에 조금은 지루했지만 그래도 마음은 기쁘고 설렜다. 어떤 녀석일까? '전생의 애인'이 내주로 온다 했던가, 그만큼 예쁘고 사랑스럽고 마냥 좋다는 뜻이리라.

지난 사월 휴가차 한국에 나와서 잠깐 보고 다섯 달 만에 만난 딸과 사위, 누구를 만난 들 이보다 더 반가울까. 만삭이 된 딸에게서 수십 년 전의 내 모습을 보았고, 힘들어하는 모습에 조금은 안쓰러워 보였다. 우리가 도착해서 열하루 만에 손주 녀석은 세상과 마주했다. 산모가 노산이라 걱정을 많이 했는데 아기와 산모 모두 다 건강하니 감사하고 고맙다.

땅 덩어리가 넓다 보니 사위직장도 멀리 떨어져 있어, 한 달에 한 번씩 비행기로 오가며 월말 부부하던 튀르키예인 사위가 육아휴직을 받아 집으로 들어왔다. 그리고 또 다른 지역에 살고 계시는 안 사돈께서 아들이 좋아하는 음식, 며느리가 좋아하는 음식 등, 튀르키예 음식 재료를 가득가득 몇 가방씩 준비해서 손자를 보러 오셨다. 결국 사위와 안사돈 그리고 나와 두 딸 이렇게 한 지붕 두 나라의 살림살이가 시작되었다.

나 역시 한국 음식 재료를 마른 것부터 밑반찬까지 이것저것 최대한 많이 가져갔었다. 두 나라 음식 재료가 가득 찬 냉장고에서는 과부하로 요란한 소리를 냈다. 나라가 다르고 여러 가지 생활방식은 달라도 부모가 자식 생각해서 마냥 퍼주고 싶은 마음은 다르지 않나 보다.

언어가 통하지 않는 안사돈과 웃지 못 할 야릇한 풍경들이 벌어졌다. 나는 우리나라 음식 만들어서 두 딸과 먼저 식사하고, 그 후로 사돈과 사위가 튀르키예 음식 만들어 식사했다. 튀르키예에 있는 한국문화원에서 한국어를 배운 사위는 큰 어려움 없이 의사소통이 됐지만, 사돈과는 전혀 통하지 않았다.

주방에서는 싸운 사람들처럼 서로 말 한마디 없이, 나는 한국 음식 만들고, 사돈은 튀르키예 음식을 만들었다. 아침 점심 두 끼니는 따로 식사했고, 두 나라 음식을 만들어서 저녁 식사 때는 온 가족이 함께했다.

사돈과 사위는 매운 음식이 입에 맞지 않고, 우리는 짠 음식이 맞지 않아 서로의 입맛에 맞게 하려고 꽤나 신경을 썼다. 또 사돈과 사위를 배려하는 마음에서 먹고 싶은 된장찌개, 생선튀김 등 강한 냄새를 풍기는 음식들은 참았다. 그러는 바람에 우린 거의 열흘 동안 미역국만 먹어야 하는 고역을 견디어야 했다.

음식 때문에 약간 어려움이 있었다면, 또 다른 어려움은 TV 시청할 때이다. 스물네 시간 돌아가는 우리나라 KBS 채널이 딱 하나 있었다. 우리가 TV 시청할 때 사돈은 말도 없이 그림만 보고, 튀르키예 방송 볼 때는 우리가 그림만 보면서, 웃는 장면이 나오면 뜻도 모른 채 따라 웃었다. 미안한 마음에 긴 시간을 볼 수 없어, 서로가 슬그머니 리모컨을 밀어 두고 그 자리를 피해 주기도 했다.

언어와 문화 풍습 모든 것이 다른 두 나라 사람들이, 한 집에서 보낸 십 여일이 정말 쉬운 일만은 아니었다. 물론 두 나라 말 을 유창하게 하는 딸이 함께 있을 때에는 의사전달이 충분했기에, 서로 몰랐던 속내를 드러내는 말, 부탁하는 말, 심지어 가벼운 농담까지도 나눌 수 있었고, 그때마다 친밀감이 더 돈독해지는 듯하여 너무 좋았다. 사돈과 말이 통할 수 있다면 얼마나 더 좋을까.

십여 일이 지나, 집안 청소며 신생아 돌보기까지 수고를 많이 하신 사돈이 가시고 사위도 직장으로 돌아갔다. 마치, 집안의 큰 어른이 며칠 동안 집을 비우고 자리를 내어 준 것처럼 마음이 가벼웠다. 쉽지 않은 신생아 목욕 등 여러 힘든 일들을 도와주어서 고맙고 좋았는데 가벼워진 마음은 왜 이었을까? 우린 기다렸다는 듯이 그동안 못 먹고 참았던 순대와 된장찌개 생선튀김 등, 우리나라 음식을 안 먹으면 큰일이라도 날 것처럼 날마다 먹었고, 우리

나라 TV 채널은 하루 종일 고정된 채 돌아갔다.

지구촌에서 유일하게 유럽과 아시아에 걸쳐있는 나라 튀르키예, 예전에는 그런 나라가 있는지조차도 모르고 관심 밖이었다. 하지만 자식으로 인해서 또 하나의 인연이 될 줄 꿈엔들 알았으랴. 갈 때마다 느끼지만 튀르키예인들은 친절하고 정이 많은 인간미를 지닌 사람들이다.

특히나 튀르키예는 한국 전쟁 때 아무 연고도 없는 한국에 미국 다음으로 많은 병력을 파병해 주었고, 수많은 튀르키예 청년들이 우리를 위해 피를 흘려주었다. 그래서 그들은 한국을 '피를 나눈 형제의 나라'라고 말하며, 한국 사람들에게는 정말 친절하다. 우리가 한국에서 왔다고 하면 그들은 다음 질문으로 남쪽? 북쪽? 이라고 되묻는 것도 아마 이런 사연 때문이 아닐까 싶다.

우리나라처럼 '빨리빨리'라는 것이 없고 급하지 않은 성격과 모든 일을 긍정적이고 편하게 생각해서, 자칫 나태해 보이기도 하지만 참 착한 사람들이다. 국민의 60퍼센트가 관광 수입으로 산다는데, 요즘 튀르키예에서 발생한 테러 사고 여파로 한국 관광객이 줄어 거의 오지 않는다고 한다. 이전의 여행 때마다 형제의 나라 어느 곳에서나 쉽게 볼 수 있었던 한국인을 많이 만날 수 없어 내심 안타까웠다. 하루빨리 사회가 안정되어 형제의 나라를 찾는 한국인이 다시 찾아오면 좋겠다.

사랑하는 딸을 잘 품어주고 있고, 친절한 '피를 나눈

형제'들이 살고 있어 나에겐 고향처럼 포근하게 느껴진다. 두 달간의 '튀르키예살이'를 마치고 귀국 짐을 꾸리면서, 이 나라의 매력에 푹 빠진 나는 벌써부터 심한 '튀르키예앓이'를 하고 있다. 아직 이 나라에서 한 걸음도 벗어나지 않았음에도.

만 원의 행복

살아가면서 꼭 필요한 것과 없어도 되는 것들이 있다. 꼭 필요한 것도 절대적인 것은 아니다. 며칠 전 홈쇼핑 방송을 시청하다가 정말 맘에 꼭 드는 것을 보았다. '저것은 있어야 돼. 진짜 필요 한 거야!' 마음속으로 주문을 외우듯 하며 급하게 전화번호를 눌렀다.

그들은 조금만 지체하면 다시는 사지 못할 것같이 내 마음을 급하게 했고, 나는 이번 기회에 못 사면 큰 손해를 볼 것만 같았다. 카드 결제가 되었다는 문자 메시지를 보며 안도의 한숨을 쉬는 순간, 마음속 저 깊은 곳에서는 벌써 작은 후회가 밀려왔다. 또 속으려고? 속았다기보다는 광고만큼 만족하지 못한다고 해야 옳겠지 싶다.

지금은 배송도 빨라서 다음날 바로 도착했다. 설레는

마음에 기대 반 걱정 반으로 설명서는 대충 보는 듯 마는 듯 새로 산 헤어드라이어에 전기 코드를 꽂았다. 방송에서 본 대로 해봤다. 아! 또 잘 안 된다. 이렇게 저렇게 해봐도 어설프기만 하고 손 따로 마음 따로다. 지금까지 쓰고 있는 헤어드라이어도 멀쩡한데, 그럴듯한 광고에 넘어가 또 일을 저질러버린 나 자신에게 약간 화나기도 해서 그냥 밀쳐뒀다. 그리고 후회했다.

홈쇼핑 중독도 있다지만 난 그 정도는 아니라고 스스로 위로하고 있다. 지금까지 홈쇼핑을 통해서 산 물건은 10여 개 남짓이니까. 광고대로 만족한 것은 한두 가지뿐이었다. 다시는 홈쇼핑을 통해서 구매하지 않으려 다짐하지만, 언젠가 또 그들의 능수능란한 말솜씨에 이끌릴지는 나도 모른다. 요즘 젊은 사람들이야 인터넷이나 홈쇼핑 방송을 통해 물건 구매하는 것이 생활화되었지만, 나는 아직도 만져보고 신어보고 뒤집어서 확인해야 물건 사는 맛이 난다.

올해 겨울이 채 가시지 않은 쌀쌀한 이른 봄날 오랜만에 객사 쪽에 갈 일이 있었다. 간혹 갈 때마다 느끼지만 그곳은 젊은이들의 거리 같다. 옷가게며, 화장품가게, 신발가게에 젊은이들의 발걸음이 분주하게 드나든다.

며칠 후 유럽 갈 때 신고 갈 운동화를 살까 해서 신발집을 찾았다. 사실 운동화가 두 켤레나 있어서 사지 않아도 되지만 왠지 좀 그럴듯한 운동화를 사야 될 것 같았다. 이곳저곳 몇 집을 둘러보다 꽤 큰 가게 안으로 들어갔다. 그곳 진열장에는 신발의 종류 크기 가격대에 맞춰 수많은 신발들이 새 주인을 만나려고 멋지게 진열되어 있었다.

이 신발 저 신발 만져보고 신어보고 넓은 가게 안을 빙빙 돌았다. 마음에 드는 것이 없어서 나가려는 순간 가게 한편에 널려 있는 신발이 눈에 띄었다. 마케팅 방법이었을까? 진열대에 올려놓지 않고 그냥 빨랫줄에 앉아 있는 참새 떼 마냥, 집게로 나란히 집어서 쭉 늘어놓았다.

재밌고 우습기도 했지만 그중에 내 맘에 쏙 드는 신발이 있을 줄이야. 우선 내가 원하는 디자인에 색상도 맘에 들어 신어봤다. 발이 그렇게 편할 수가 없다.

키가 작은 나는 약간의 굽이 있었더라면 더 좋았을 텐데 하고 조금은 아쉬웠지만, 굽이 있었다면 이렇게 편하지 않을 수도 있겠지 생각했다. 뭔가 복잡하지 않고 단순하게 만들어진 만큼 가격 또한 저렴했다. 달랑 만 원짜리 한 장이어서 가성비가 매우 좋았다.

유럽까지 가서 10여 일 동안 걷다 보면 불편할까 봐 마음은 그럴듯한 신발을 사려 했다. 집에 있는 운동화보다 훨씬 싼 가격에 만들어낸 회사 이름도 뚜렷이 없었기에, 몇 번 신고 버리면 되겠지 하는 생각에 그냥 샀다. 하지만, 저렴한 가격을 우습게 여기고 금방 버리겠다고 한 생각은 큰 잘못이었다.

지금까지 신어본 신발 중에 그 어떤 비싼 신발보다 가장 발이 편했다. 아무리 많이 걸어도 조금도 불편함이 없다. 먼 여행 떠날 때마다 혹시나 해서 예전에 있던 운동화를 여벌로 준비했다. 그렇지만 그것은 짐일 뿐이었다.

유럽으로 일본으로 우리나라에서는 산으로 바다로, 심지어 성당 갈 때 시장 갈 때도 이 운동화만 신었다. 깨끗이 빨아 신으면 새것 같던 신발이 드디어 6개월 만에 바닥이 갈라졌다. 이렇게 짧은 기간 동안 망가진 신발은 또 처음이었다.

버리기엔 아깝다기보다는 또 이렇게 편한 신발을 만날 수 있을까 싶어 본드로 붙여 봤다. 무거운 것을 얹어 하룻밤 꾹 눌러놨더니 갈라진 곳이 야무지게도 아물었다. 지난 구월 초 17일간의 수고스러움도 마다하지 않고 튀르키예까지 다녀왔다. 앞으로 얼마 동안 더 내 발을 편하게 지켜주고 내 곁을 떠날지는 모르겠다.

인터넷 쇼핑몰과 수없이 많은 홈쇼핑 채널들, 여기저기 눈만 돌리면 먹고 입고 살아갈 수 있는 생필품들이 넘쳐나는 세상이다. 마음의 중심이 조금만 흐트러지면 현란한 광고들의 부추김에 꼭 필요치 않아도 마냥 사고 싶다.

지금도 홈쇼핑을 통해서 산 물건들 중에 번거롭고 서툴러서 사용하지도 않고, 그렇다고 버리지도 못하는 물건들이 몇 개 있다. 비록 진열대에 오르지도 못하고 허름하게 줄에 널려 있어 우스꽝스럽기까지 했던 만 원짜리 운동화였지만, 비싸고 더 좋은 물건들을 제쳐두고 내 사랑을 가장 많이 받으며 잔잔한 행복을 준 신발이다. 닳아서 낡음 낡음 해졌지만 쉽사리 버리지 못할 것 같다.

2부

태풍 값

정정숙

2부

태몽 값

태몽 값

그녀는 꽤 똑똑하고 야무지다. 누구를 닮았을까? 그녀의 아버지를 잘 알고 있는 사람들은 아버지를 닮았다 하고, 어머니를 잘 알고 있는 사람들은 어머니를 닮았다고 했다. 하지만 여러 분야에 재주가 많고 뛰어난 능력을 가진 그녀의 할머니를 더 닮았을 수도 있다.

그녀는 어린 시절 또래의 친구들보다 월등히 영특했다. 특별히 배운 적도 없지만 네다섯 살에 이미 한글과 숫자를 읽었다. 지금 아이들이야 보고 듣는 것이 많아서 더 어린 나이에 아는 것이 많다지만, 강산이 네 번 바뀌는 세월을 살아온 그녀다.

영특하다는 바람에 유치원도 못 갔다. 유치원에 보내봤자 더 배울 것이 없겠다는 그녀의 할머니 뜻이었다. 유치원에 글자나 숫자 배우러 가는 것이 아니었건만, 그녀의 엄마는 법이다시피 한 그녀의 할머니 뜻을 어김없이 따랐다. 그래서 그녀는 사각모 쓰고 찍은 유치원 사진이 없다. 한때는 다른 친구들의 유치원 생활과 사각모 쓰고 찍은 사진을 부러워하기도 했다.

그녀 엄마의 친정 시골 마을 뒷길에, 아름드리 팽나무가 한 그루 서 있었다. 초록 잎사귀들이 하늘을 뒤덮다시피 무성하게 돋아 있었다. 평소에 이렇게 큰 나무가 없었는데 웬 나무일까? 생각하며, 그녀의 엄마는 무심코 나무 위를 올려다보는 순간 깜짝 놀랐다.

반질반질 윤이 나고 검은색을 띤 몸통이 굵은 구렁이 한 마리가, 무시무시한 장수처럼 갑옷을 입고 금방이라도 달려들 듯 그녀 엄마를 향해 긴 혀를 널름거리고 있었다. 구렁이의 목에는 빨강, 노랑, 파랑 줄이 그어져 있어 마치, 어떤 계급장처럼 보였고 머리 양쪽 끝에는 두 귀가 쫑긋 솟아 있었다. 소스라치게 놀라며 뒷걸음질 치는 순간 깨어보니 꿈이었다.

꿈을 꾼 후 그녀의 엄마는 일주일도 채 안 되어서 기다리던 입덧을 했다. 꿈 이야기를 들은 그녀의 할머니와 가족들은 태몽이라며 틀림없이 아들일 것이라고 믿고 또 믿었다. 그녀의 엄마 역시 갑옷을 생각하며 계급 높은 군인이 될 아들을 낳지 않을까 내심 기대했다. 온 가족들의 기대와 믿음을 물거품으로 만든 채 그녀가 태어났다. 특히 할머니는 은근히 섭섭함을 내비쳤지만, 첫 손녀에 대한 그녀의 할머니와 가족들의 사랑은 대단했다.

성장하며 그녀의 사회성과 언변은 눈에 띄게 탁월했다. 중학교 시절부터 고등학교 졸업할 때까지 여섯 해 동안 친구들을 아우를 수 있는 실장으로서, 책임감 있는 리더 역할을 톡톡히 해냈고 담임선생님마다 그녀의 뛰어난 사회성을 인정했다.

그녀의 언변 역시 듣고 있는 사람의 마음을 끌리게 하는 보이지 않는 어떤 마력이 있다. 어느 내용의 이야기든 한 시간 정도만 그녀와 대화를 하다 보면 그녀의 말에 마냥 빠져들게 한다. 그녀의 엄마는 가끔 농담으로 "너는 새로운 종교 하나 만들어서 교주하면 크게 부흥할 수 있겠다."라며 놀릴 때도 있다.

어려서부터 외국에 대한 동경을 많이 했고 외교관이 꿈이었던 그녀는, 턱걸이였지만 본인이 원하던 외국어 대학교 튀르키예어과에 합격했다. 튀르키예어과를 원한 것은 아니었지만 시험 점수에 맞추다 보니 그럴 수밖에 없었다. 입학 당시에는 비록 턱걸이로 들어갔으나 열심히 노력한 그녀는, 졸업 때까지 장학금을 놓치지 않았고 초등학교 아이들 영어 과외를 하면서 용돈까지 해결했다.

대학생 때 교환 학생으로 일 년 동안 튀르키예에 다녀왔다. 대부분 교환 학생 기간의 일 년은 학기로 인정하지 않았다. 다시 한국에 들어와서 4년을 다 채워야 하기에 결국 대학 생활을 5년 동안 해야 되었다. 그 일이 부당하다고 생각한 그녀는, 학교와 교수님들께 교환학생 기간까지 학기로 인정해 달라고 설득했지만 학교 측의 반대로 무산되었다.

하지만 그녀는 본인이 교환 학생으로 가야 할 시기까지 늦춰가며, 기어이 그 일을 해결해서 4년 만에 졸업할 수 있게 했다. 그 후로 옳은 일에는 의리와 주장이 강하고 선배들이 하지 못한 일을 해냈다 해서, 교수님들 사이에서는 '센 아이'로 후배들 사이에서는 '센 분'으로 불리기도 했다.

교환 학생 때 튀르키예에서 1년간 공부할 때도 그녀는 스스로 용돈을 해결했다. 사업상 한국에서 그곳으로 출장 간 사람들과 공연하러 간 연예인 등, 여러 부류의 사람들에게 통역과 번역을 해 주며 받은 돈을 용돈으로 썼으며 약간의 저축까지 했다.

교환학생 기간이 끝나고 돌아왔지만, 그녀는 튀르키예라는 나라의 매력에 푹 빠져서 그 나라에 대한 향수병이 생겼다. 졸업 후 일 년 동안 학원에서 영어 강사를 하며 호시탐탐 그 나라로 갈 수 있는 길을 찾았다. 노력하는 자에게 기회도 주어졌다. 튀르키예에 있는 한국대사관에서 튀르키예어와 영어를 잘하는 일반 행정직 직원을 뽑는 곳에 지원해서 합격했고, 스물여섯이라는 어린 나이에 외국 생활을 시작했다.

나이 들어 그곳에서 결혼도 했고 그럭저럭 만족하며 살던 차에, 그녀의 진짜 꿈을 이룰 수 있는 기회가 왔다. 우리나라에서 삼 년에 걸쳐 각 나라에 있는 한국대사관의 영사직 외교관을 뽑았다. 작년에 23개국에서 모두 남자만 뽑았기에 남자를 선호하는 것 같아 큰 기대는 하지 않았지만, 올해 15개국에서 뽑은 중에 여자 세 명이 합격했다.

면접관 중 한 사람은 본인들이 질문하는 핵심을 제대로 이해하면서, 신뢰할 수 있는 대답을 조리 있게 잘한다고 면접 중에 칭찬까지 했다고 하였다. 남자들만 뽑을 것이라는 예상을 깨고 다행히도 면접관들은 그녀의 뛰어난 사고력을 인정했다. 당차고 야무지다 해도 어린 나이에 혼자서 외국 생활이 쉽지는 않았겠지만, 조금은 늦은 나이에 외무고시 치르지 않고 경력과 면접만으로 외교관이 된 그녀는 운도 따랐나 보다.

"넌 남 주기 아까운 사람이야 아들이었으면 좋았을 텐데, 네 엄마 아빠는 딸만 있으니 너는 어쩌든지 태몽 값하고 아들 노릇 톡톡히 해야 한다." 어릴 적 가끔 듣던 말, 두 해 전에 돌아가신 그녀 할머니의 말씀처럼 그녀는 할머니 마음에 드는 태몽 값을 했을까?

내 전화기 속에 '대단한 큰딸'이라고 저장되어 있는 그녀다.

그리운 그곳에는

가끔은 삶이 버겁다 생각될 때, 가만히 눈을 감고 그곳을 떠 올린다. 유년 시절 오늘 같이 따스한 봄날에는 텃밭가에 향긋한 쑥과 냉이, 그리고 노란 민들레가 지천으로 피어있었다. 먼먼 들판에 아른거리며 피어오르던 아지랑이, 그 꿈결 같았던 아지랑이 속에 우리 아버지는 소를 몰고 쟁기로 온 들판의 봄을 갈고 또 갈았다.

봄볕에 새까맣게 그을린 얼굴은 이마에 주름으로 골을 만들었고, 담배 한 모금에 길게 토해내던 한숨 속엔 아버지의 온갖 인생살이가 묻어났다.

뉘엿뉘엿 해 질 녘엔 지게에 쟁기를 얹어 짊어진 구부정한 아버지의 등도, 큰 눈에 그렁그렁 눈물이 고여 슬퍼 보이던 누렁소도 터벅터벅 지친 걸음으로 돌아왔다. 하루 종일 힘들어도 철부지 어린 딸아이에게, 들꽃 한 줌 꺾어다 쥐여 준 손마디는 거칠다 못해 피가 맺혀있었다.

아지랑이 금방 손에 잡힐 듯한 이렇게 따뜻한 봄날, 우리 텃밭 가엔 그때처럼 노란 민들레가 피어있을까? 아버지가 없는 마을 온 들판의 봄은 누가 갈고 있을까? 마른 나무 등걸처럼 늙어버린 등 굽은 아버지가 보고플 땐, 꿈을 꾸듯 살포시 두 눈을 감아본다.

〈여름〉

비가 온다는 일기예보를 무시하고 그곳에 갔다. 하늘은 온통 짙은 회색빛으로 내려앉았다. 가뭄이 심해 어느 지역은 모내기한 논바닥이 쩍쩍 갈라져 있고, 저수지들은 바닥을 보인다는 뉴스가 연일 보도됐다.

수많은 사람들이 애타게 기다리는 '비'님이 어서 내렸으면 하고 이런저런 생각을 하는 사이 어느새 도착했다. 이쪽저쪽 온 들판을 감상하며 갔다. 논에는 벼들이 푸른 물결로 일렁이고 동네를 끼고 흐르는 강은 물이 넘실댔다. 수리시설이 잘되어있는 이곳은 아무리 가뭄이 심해도 벼농사에 큰 지장이 없다.

한 줄기 바람이 스칠 때마다 제법 큰 벼들이 술렁이며 물결을 이룬다. "아! 역시 이곳 들판의 공기는 상큼하다 못해 달달해." 공기 예찬론을 했다. 그사이 함께 논을 둘러보던 동생댁은 "형님 여기도 우리 논이고 저기 언덕 밑에 나란히 세 필지도 우리 논이고" 조금 가다가 다시 "이 논도 우리가 농사짓는 곳이고" 동생댁 신바람이 났다. "응 응 그래?" 대답은 했지만 돌아서면 난 바로 잊어버린다.

바다처럼 넓디넓은 벌판 어디가 동생네 논인지 거기가 다 거기 같다. 긴 논두렁에 내가 좋아하는 옥수수를 끝이 보이지 않게 심어 놨다. 떠나온 지 수십 년이 지났어도 그리울 때 불쑥 찾아갈 수 있는 동생 내외가 있어 든든하다.

땡볕이 내리쬐는 집 뒤 비닐하우스엔, 몇 그루 안 되는 포도나무에 포도알이 탱글탱글 영글어갔다. 수박과 호박도 긴 줄기가 서로 엉킨 채 누가 더 큰지 내기하며, 뜨거운 햇살을 친구 삼아 튼실하게 살찌우고 있다.

〈가을〉

옥에도 티가 있다는데 티끌 한 점 없는 파란 가을 하늘이다. 마음속에 한아름의 연분홍 코스모스를 안고 꿈속에서도 아련한 고향길 달려본다. 살랑거리는 바람에 가냘프지만 꺾이지 않는 코스모스와 겨울을 준비하는 풀과 꽃들의 모습이 제각기 다른 예쁜 모습을 보여 준다. 단풍색 짙어가는 벚나무 아래 흰머리 풀어헤친 옆집 준희네 할매 같은 억새풀이 올가을에도 변치 않고 양쪽 긴 논두렁에서 나를 반긴다.

무더운 여름내 푸르렀던 들판은 황금 같은 은행잎 색으로 물들었다. 길 아래 서 마지기 논배미에 누렇게 익어

고개 숙인 벼 이삭 위로, 한 무리의 참새 떼가 살랑 바람에 허우적대는 허수아비 손짓도 무서워하지 않는다. 친정 가는 백리 길 중 내가 가장 좋아하는 길이다.

초등학교 가는 길 멀리 보이는 명덕산 아래 푸르게 서 있는 포플러 나무들도 어느새 황금색 비단을 휘감은 여인네처럼 늘씬한 자태를 뽐내며 소슬바람에 살랑인다. 어떤 유명한 화가도 그려낼 수 없을 만큼 고운 빛깔들이다.

마냥 청춘에 머무르고 싶은 내 마음처럼, 이 풀과 나무들도 초록의 자리를 내어주지 않으려고 찌는 듯한 더위에 무던히 애를 썼으리라. 흐르는 세월 앞에 어찌할 수 없이 변해가지만 항상 그리운 그곳에서는, 사계절 내내 나의 유년 시절 보랏빛 꿈들이 자리매김하고 있다.

〈겨울〉

아침기도 마치고 따끈한 차 한 잔의 여유를 가져본다. 이렇게 추운 날 호박죽을 끓여볼까? 하는 생각에 늙은 호박을 가지러 베란다로 나갔다. 반가운 손님은 언제부터 왔을까? 문밖에는 함박눈이 펑펑 쏟아지고 있다. 우와! 첫눈이다.

첫눈에는 기쁨과 설렘이 있다. 이럴 땐 신난 강아지 마냥, 밖에 나가 뛰어놀고 싶은 충동이 일어난다. 내 또래의 친구들은 눈이 오면 심란하고 걱정스럽다고 한다. 눈 오는 날을 마냥 좋아하는 나는 아직도 철이 덜 들었나 보다.

함박눈 내려 마음이 포근해지는 밤이면 지나간 세월에 두 눈 감아본다. 멀리 아스라이 희미한 불빛이 내 어릴 때 추억처럼 깜빡일 때 긴긴 겨울밤이 저물어 가고 있다. 그곳 시골에는 눈도 참 많이 왔다.

초등학교 가는 길, 무릎까지 푹푹 쌓인 눈을 헤치며 간 추억들이 있다. 기역 자로 굽은 오래된 초가집 위에 함박눈이 소복이 쌓이는 밤이면 대상 없는 그리움과 기다림에 잠을 설친 때도 있었다.

조용히 눈이 오는 한나절 잠깐 동심에 젖어 그리운 고향을 생각해 본다. 동화 속 그림처럼 예쁜 그 마을에도 바다처럼 드넓은 그 벌판에도 지금쯤 눈이 올까? 꽃송이 같은 …….

25년이란 세월 동안 나를 품어주고 키워준 그곳. 결혼해서 늙은 아버지와 병든 어머니를 두고, 동네 모퉁이 돌아 시오리 읍내길 한없이 울고 왔던 그곳. 세월이 흐를수록 더욱 그립고 애틋한 내 고향 시골 마을이다.

지금도 한 해에 서너 번씩 찾아 가지만 마을 어귀 들어설 때마다 항상 가슴이 설렌다. 어릴 적 나를 반겨줄 아버지 어머니는 안 계셔도.

미아리 고개 너머

그땐 몰랐다. 장롱 위 구석진 곳 천장 위로 하늘이 보인다는 것을. 방안에 누우면 동전 크기만 한 구멍으로 하늘이 보였다. 하지만 그것을 알았어도 그 집으로 이사를 할 수밖에 없었다.

삼월 중순 꽃샘추위가 옷깃을 파고들던 날, 미아리 고개 너머 산꼭대기에 방을 얻었다. 그나마 우리를 믿고 돈을 빌려준 지인의 덕분에, 서울에서 삼백만 원으로 방을 얻을 수 있다는 것은 다행이었다. 산꼭대기에 있는 그 집은 갓 서른을 넘긴 내가 올라 다니기에도 숨이 찼다.

그 집에 들어가려면 퇴색해서 볼품없는 낡은 벽돌색처럼, 심하게 녹이 슬고 찌그러진 양철 대문을 지나 손바닥만 한 마당에 들어서야 했다. 말이 좋아 대문이지 높이는 내 키보다 훨씬 낮았고, 고정되어 있어야 할 문설주가 떨어져 바람이 조금만 불어도 심하게 덜컹댔다. 대문에서 채 열 걸음도 못 가, 안집 옆 끝에 붙어있는 작은 양철 문이 또 나왔다. 그 문을 열면 오래되어서 시커멓고 꺼칠꺼칠한 시멘트 바닥에 삼각형 모양으로 된 부엌이 나왔다. 그곳에서 손을 뻗으면 바로 안방 문을 열 수 있고, 방문을 조금 비켜선 곳 아래에 연탄아궁이가 있었다.

방은 하나였지만 길쭉하게 꽤 컸다. 그곳에 장롱, 화장대, 진열장, 냉장고, 텔레비전이 다 들어가야 했고, 우리 부부와 다섯 살 된 딸과 뱃속에 든 아기가 살아가야 할 방이었다. 방을 가로질러 뒷문을 열면 바로 옆에, 주인집과 같이 쓰는 재래식 변소가 있었다. 과일 상자를 뜯어 덕지덕지 못질해서 만든 그 변소는 전기를 아끼기 위해서인지 밤엔 5촉짜리 빨간 꼬마전구를 도깨비불처럼 켰다. 서울에 이런 집이 있다니, 변소도 무섭고 집 자체가 싫었지만 우린 선택의 여지가 없었다.

결혼해서 4년째 되던 해 돈을 몽땅 떼었다. 몽땅이라야 육백만 원이었지만 우리 부부에게는 전 재산이었다. 돈 모으는 구체적인 방법을 잘 몰랐던 우리는 시어머니의 권유로 계(契)를 들었다. 계주는 시어머니와 언니 동생 하는 사이로 친자매보다 더 가까이 지내는 사람이었다. 어머니뿐 아니라, 온 동네 아주머니들과도 친하게 지내는 사이였다.

계 방식은 '36계'라 해서 처음 시작하면 삼 년 만에 끝나는, 매달 백만 원씩 태워주는 방식이었다. 누구든지 본인 형편에 따라 한 몫, 두 몫, 다섯 몫까지 여유 되는대로 번호를 잡을 수 있었다. 번호 순서대로 앞 번호는 곗돈을 더 내는 대신, 빨리 탈 수 있고 뒤 번호로 갈수록 돈을 적게 냈다.

계에 대해서 문외한이었던 우리는 시어머니의 뜻대로 앞 번호와 뒤 번호를 끼워서 해주었다. 그렇게 해서 앞 번호에 돈을 타면 계주가 돈이 필요한 사람에게 빌려주고, 3부(%) 이자를 받아주며, 중간 거래를 연결해 주었다. 백만 원에 매달 삼만 원씩 이자가 들어오면 다시 또 계를 한몫을 할 수가 있었다.

나는 누가 우리 돈을 쓰는 사람인지 알지도 못했고 알려고도 하지 않았다. 계주가 중간에서 다 해주었기 때문에 계주를 믿었고, 그런 식으로 재미를 붙인 동네 사람들은 시어머니를 비롯한 이십여 명 정도가 끄떡없이 십 년이 넘도록 계를 꾸려가고 있었다. 그 당시 계주의 남편은 전화국 직원이었고 사람들은 그를 부를 때 '전화국 집'이라고 불렀다. 집안 형편도 꽤 잘 살아서 계원들은 모두 계주를 교주처럼 믿고 따르며 좋아했다.

그렇게 돈이 조금씩 불어날 즈음, 첫딸 낳던 해 대학생이 된 남편은 낮엔 직장인이었기에 야간 대학에 다녔다. 배움의 길을 늦게 시작한 만큼 그는 열심히 노력했다. 4년 동안 여러 번 장학금을 받았지만, 마지막 학기에는 등록금을 내야 했다. 그때 등록금은 455,000원이었다.

등록금을 내기 위해 계주에게 우리 돈 오십만 원만 달라고 했다. 계주는 지금 당장에 준비할 수 없으니, 다음 달에 주겠다며 다른 곳에서 구해 보라고 했다. 그 말도 맞는 말이었다. 지인에게 오십만 원 빌려서 낸 마지막 등록금은 다음 달 갚지 못하고 빚으로 남게 되었다.

어느 날 시어머니로부터 계주가 도망쳤다는 연락이 왔다. 갓 스무 살 되던 해 친정어머니가 중풍으로 쓰러졌을 때만큼 큰 충격이었다. 그 당시 공무원 박봉에 밤엔 대학까지 다니며 아끼고 아껴서 부은 곗돈이었다. 너무 막막하고 앞길이 깜깜했다. 몇 끼니를 굶어가며 잠을 못 이루는 나에게 남편은, 우리 식구들만 건강하면 된다면서 "그 돈은 우리 돈이 아니야"라며 빨리 잊으라고 쉽게도 말했다.

나중에 알고 보니 계주는 오래전부터 이미 도망칠 계획을 했었다. 도망치기 한 달 전에 계를 또 두 몫이나 짜서 1번은 본인이 다 챙기고, 2번 한몫을 여섯 명에게 하라고 했다. 일을 당하고 난 뒤 서로 2번이라며, 다음 달에 본인이 돈을 탈 차례라고 여섯 사람이 말했다. 며칠 후 도망칠 사람이 우리 돈 오십만 원을 해줄 리가 없었다. 너무 허무하고 황당해서 기가 막힐 일이었다.

철석같이 믿었던 계주가 도망치자 이십여 명의 동네 아주머니들은, 생업을 포기하다시피 날마다 모여서 도망친 계주를 붙잡아야 한다고 난리였다. 몇 백만 원 떼인 사람도 있지만 몇 천만 원씩 떼인 사람도 꽤 있었다. 다행히 계원 중 남편이 경찰공무원인 사람이 있었다. 그의 도움으로 계주의 몽타주를 만들어서 전국에 뿌렸다.

수사망에 조여든 계주는 한 달을 못 버티고 자수를 했다. 그 당시 2억 원 남짓 가로챈 계주는, 2년간 감옥살이로 죄의 대가를 치르고 나와서 대전 어디에서 잘 살고 있다는 소문이 있었다.

그 무렵 천만 원 정도 주면 한옥마을에 기와집 한 채를 살 수가 있었다. 조금만 더 모아서 집 한 채 사려던 꿈은 순간에 물거품이 되어버렸고, 시어머니도 시누이 결혼자금으로 쓸 삼백만 원을 계주에게 맡겼었다. 계주가 감옥에 있을 때 시어머니는 옥살이 끝나고 나오거들랑 우리 돈은 꼭 갚아 달라며, 용돈과 사식까지 넣어주며 면회를 다녔지만 헛수고였다.

설상가상으로 그 무렵 본인의 의지와 상관없이 남편이 직장까지 그만두게 되었다. 직장 없이 몇 달간의 공백이 흘렀고 그래도 대학에서 무역학을 전공한 덕분에 졸업하자마자 다행히 서울의 어느 무역회사에 스카우트되어갔다. 전 재산을 날려버린 우리는 서울에 방 한 칸 얻을 돈이 없었지만, 우리를 믿고 삼백만 원을 빌려준 지인이 지금 생각해도 고맙다.

삼십팔 년 전 삭막하기만 했던 미아리 고개 너머 산등

성이에, 지금은 대단지 고층 아파트가 숲을 이루고 있다. 바람에 덜컹대고 벌겋게 녹슨 양철 대문 집은 아련한 기억 속에 먼 옛날이야기가 되어버렸다. 그 시절 물질적으로 가진 것은 없었지만, 젊음이 있어서였을까? 지금도 쌀쌀한 꽃샘추위가 옷깃을 파고들 때면, 미아리 고개 너머 산등성이에 있는 허름한 양철 대문집이 언뜻언뜻 그리울 때가 있다.

돈 떼이고 매 맞은 사람은 발 뻗고 잠을 잘 수 있지만 돈 떼어먹고 때린 사람은 편히 잘 수 없다는데, 계주는 지금쯤 마음 편히 잘 살고 있을까? 살아 있다면 구순쯤 되었을 나이다. 이제는 원망도 미운 감정도 없는 걸 보면 세월이 약이라는 말이 맞나보다. 많은 세월이 흘러버린 지금, 우연이라도 한 번쯤 만날 수 있다면 그냥 따뜻한 밥 한 끼 대접하고 싶다.

고해(苦海)

여기, 교만하고 어리석은 한 마리 양이 오랫동안 당신 곁에 서성이고 있습니다. 겉으로는 강한 척하지만, 당신을 향한 제 마음이 왜 이렇게 나약해졌을까요? 생각은 온통 하얀 벽으로 막혀버렸고 몇 년을 맴돌고 곱씹고 달구어 보았지만, 또다시 그 자리입니다.

성모님 모신 저희 집 제대(祭臺)의 양 촛대 위에는 언제 불을 밝혔는지 기억조차 희미합니다. 이미 손에서 놓아버린 묵주와 희망과 기쁨으로 불꽃을 피워내던 촛농 위에는 먼지만 두껍게 내려앉았습니다. 저에게도 자비로우신 당신의 충만한 성령을 느낄 때가 있었지요. 가끔은 그때가 그립기도 하답니다.

하지만 어떤 이유에서인지 거의 삼 년이라는 시간을 드

문드문 마음 내키는 대로 당신을 찾았고, 아예 몇 달간은 그조차도 하지 못한 채 방황하고 있습니다. 뻔뻔하게도 아쉽고 긴박한 순간에만 감히 당신의 이름을 불렀지요.

제가 탄 비행기가 빗속 험난한 어느 하늘길을 어지러이 운행할 때, 쿠데타와 테러로 인한 사회적 불안으로 위험에 처한 나라에 머물러 있을 때, 딸아이가 산고(産苦)로 시달릴 때, 제 건강에 적신호가 와서 불안하고 고통스러울 때 등. 어디 그뿐이었겠습니까? 알량한 믿음을 핑계로 제 손만은 놓지 마시고 끝까지 잡아 주시라고 오로지 저와 제 가족만을 위한 기도를 했지요. 타인을 위한 기도는 언제쯤 했는지 먼 기억 속으로 사라진 지 오래입니다.

수년 전 베드로 성당 어느 고해소 앞에서 온몸에 소름이 돋은 채 발길이 멈추었지요. 믿지도 않고 잘 알지도 못하는 당신께, 그동안 가슴앓이 하던 염원을 어리광 부리는 아이처럼 속 시원히 토해낸 그 순수했던 기도는 언제쯤 또 할 수 있을까요?

몇 해 전 당신의 은총을 받으며 많은 사람들의 축복 속에 세례를 받았지요. 그때의 기쁨과 설렘, 가슴 떨림과 그 열정은 어디에서 다시 찾을 수 있을 런지요. 미사 때마다 보이지 않는 어색함과 가시방석 같은 느낌은 왜일까요? 혼란과 갈등을 다독이려 찾았으나 되돌아올 때는 더 심란하고 헛헛한 마음이었지요.

이제라도 당신 울타리 안에서 착한 양이 되기 위해 제

삶을 반성하고, 용기 내어 감히 죄를 고백해 봅니다. 너무도 얄팍하고 모자란 저의 믿음에 돈독히 살을 붙여 주시리라 믿고, 주위를 돌아보며 더 낮은 자세로 살아갈 수 있게 도와주시고, 꺼진 불에 다시 희망과 용기를 불어넣어 주시리라 믿겠습니다.

또한 세찬 비바람을 견딜 수 있는 지혜와 힘을 주시고, 끝까지 제 손 놓지 않고 잡아 주시리라 믿으며, 간절한 마음 담아 내일 새벽에는 저희 집 제대(祭臺) 위의 성모님 앞에 희망의 불을 밝히려 합니다.

구미호들 하늘을 날다

일 년에 봄, 가을, 겨울 세 번씩 만나는 구미호들이 있다. 그럼에도 모자라서 늘 그리워하고 서로의 안부를 묻기도 하며 호들갑을 떨기도 한다. 같이 있고 서로 보고만 있어도 즐겁고 신나는 구미호 친구들이다.

이 구미호들은 전설에 등장하는 꼬리 아홉 개 달린 천 년 묵었다는 무서운 여우들이 아니다. 구미호(九美好) '아홉 명의 아름답고 좋은 친구들'이라는 뜻으로 붙여진 모임 이름으로, 어릴 때 시골에서 코흘리개 시절부터 결혼할 때까지 함께 어울렸던 친구들이다.

그 시절 시골 마을은 아이들이 꽤 많았다. 우리 또래 여자아이들만 이십여 명이 넘었으니까. 학교 졸업 후 타지로 나간 친구들도 있었지만, 지금 만나는 아홉 명의 친구들은 결혼 때까지 고스란히 이십여 년 넘게 고향을 지키며 함께했던 친구들이다.

그래서인지 그 시절의 추억거리가 정말 많이 있다. 부모님들 몰래 밤에 모여서 읍내에 영화나 쇼를 보러 다닌 이야기. 감자, 옥수수, 닭서리 하다가 주인에게 들켜서 줄행랑치며 쫓긴 이야기. 이것저것 서리를 자주 했어도 다행히 붙잡혀 본 일은 없었지만 지금도 잊히지 않는 가장 큰 사건이 하나 있다.

어느 초 여름밤 윗마을 어떤 황토밭에서 감자 서리하던 날, 친구 경남이는 처음 맞춘 해자(청바지) 나팔바지를 자랑스럽게 입고 나왔다. 조마조마한 마음으로 감자밭을 뒤질 때, 누군가 "저기 주인 온다!"라는 소리에 깜짝 놀라 서너 명의 친구들이 뿔뿔이 흩어져 달리기 시작했다.

가슴은 두 방망이질 쳤고 다리엔 힘이 풀렸지만 나는 1km쯤 되는 우리 집까지 단숨에 달렸다. 누가 보면 어쩌라고, 그 밤에 휘영청 높이 뜬 달님은 어찌 그리 밝은지 야속하다 못해 미웠다.

나중에 안 일이지만 덕순이 하고 화순이는 콩밭으로 뛰어 들어가 한참을 숨죽이고 있는 동안 온몸을 모기한테 물렸고, 청바지를 새로 맞춰 입고 나온 경남이는 하필 며칠 전에 모내기한 논으로 뛰어들어서 제대로 도망가지도 못하고 온 논바닥을 헤매고 다녔다 했다.

결국에 그 청바지에 흙탕물이 너무 심하게 들어서 빨

아도 지워지지 않아 버렸다고 했다. 그런데 중요한 것은 그날 밤 주인은 오지 않았고 망을 보던 친구 용남이가 우리를 골려주려고 농담으로 한 말에 그 난리를 쳤었다.

만날 때마다 오래된 기억들을 조각조각 퍼즐 맞추듯 맞추다 보면, 잊혀진 추억도 얽힌 실타래 풀리듯 술술 풀려나온다. 이미 알고 있는 이야기지만 듣고 또 들어도 재미나서 모두가 박장대소한다. 이야기하느라 밤새 잠 못 이루고 아침에는 빨갛게 토끼 눈이 되어도 마냥 좋은 친구들. 더도 덜도 아닌 어린 시절 그대로다.

지난해 유월 홋카이도로 가기 위해 구미호들 비행기를 타고 하늘을 날았다. 국내 여행은 자주 했지만, 구미호 모임에서 외국 여행은 처음이었다. 어디를 가든지 먹을 것을 준비해 오는 우리는 그날도 어김없이 공항 로비에서부터 남달랐다.

찰밥에 나물, 떡, 과일, 미숫가루, 감자 등 서로 먹을 것을 해 오는 바람에 그걸 먹으며 수다 떠느라 탑승 시간이 촉박했다. 면세점도 제대로 들르지 못하고 뛰다시피 해서 비행기를 탔다.

도착해서 밤엔, 누구하고 잔들 상관없지만 재미로 두 명씩 제비뽑기를 해서 방 배정을 했다. 아홉 명 중 한 친구가 집안 사정으로 인해서 불참하는 바람에 여덟 명이 했다. 제비뽑기가 뭐가 그렇게 대단한 일이라고 다들 비장한 각오와 스릴 넘치는 기분으로 설쳐댔다.

우리는 호텔이라는 것도 까맣게 잊은 채 웃고 떠들었다. 그 바람에 조용히 해 달라는 민원까지 들어와서 서로 조심하자고 했지만 돌아서면 금방 잊어버리고 하하 호호 웃었다.

일본은 섬나라여서 가는 곳마다 해산물이 풍부하다 보니 갖가지 이름 모를 음식들이 우리의 입맛을 돋우었다. 특히 무제한으로 먹을 수 있는 게 요리는 바닷가 부안을 고향으로 둔 우리 구미호들에게 큰 행복을 주었다. 어린 시절 꽃게를 흔하게 먹었던 추억을 이야기하며 맛있게 먹고 신나게 즐기다 보니 3박 4일이라는 시간이 유성처럼 지나가 버렸다.

무지개에 일곱 가지 색깔이 있다면 우리 구미호들도 저마다의 개성과 색깔이 뚜렷하게 다르지만 한 가지 공통점이 있다. 이 십여 년 넘는 세월을 한마을에서 자랐기 때문인지 전혀 이해타산 없이 서로 양보하고 배려하는 마음들이다.

한 사람 한 사람 속속들이 집안 사정이나 성격들을 다 알고 있기에 지금도 만나면 '가시네!'라는 말을 거침없이 할 수 있는 그야말로 순수한 동심의 느낌으로 만나는 친구들이다.

젊은 시절 아이들 키우고 살림하느라 오랫동안 서로 연락도 못하고 살아왔지만, 다시 만난 지 십 년이 훨씬 넘었다. 제일 큰언니처럼 만날 때마다 밥 당번하며 먹을 것을 챙기는 화순이와 경남이, 엉뚱한 말로 좌중을 웃기는 용남이, 가장 큰소리로 재미있게 깍깍대며 웃는 바람에 그 웃음소리에 덩달아 웃게 하는 덕순이.

땅이 꺼질세라 가만가만 조신하게 말하는 순희와 인순이, 고스톱을 좋아하고 익살맞은 경님이, 총무인 내가 하는 일을 잘 도와주는 을순이, 비록 촌스러운 이름들이지만 정말 다정하고 따뜻한 친구들이다. 경남이 와 용남이는 서로 사촌 간이고 남자 이름 같지만 모두 여자들이다. 아들 동생들을 두라고 그런 이름을 지었다 했다.

내 곁에 이런 친구들이 있어서 감사하고 행복하다. 오늘도 용남이가 전화를 했다. 내년에 구미호들 다시 한번 하늘을 날아보자고.

마음은 젊은 며느리

끝이 보이지 않는 드넓은 창공이다. 두근거리는 가슴을 다독이며 조심스럽게 아래를 내려다본다. 큰 목화솜처럼 포근해 보이는 뭉게구름 위를, 찬란한 햇빛을 받으며 나를 태운 비행기는 기분 좋게 날아간다. 편안하고 안락함에 다디단 꿀처럼 잠이 쏟아진다.

'자유롭게 저 하늘을 날아서 가도 놀라지 말아요. 우리 앞에 펼쳐진 세상이 너무나 소중해 함께라면' 이 겨울 아침 아직 여섯 시도되기 전 꼭두새벽에, 단잠을 번쩍 깨우는 내 전화벨 소리가 우렁차게 적막을 깨뜨린다. 내가 좋아하는 김광진의 '마법의 성' 노래다. 아! 기분 좋은 비행은 꿈이었다.

새벽에 이처럼 요란스럽고 당당하게 전화할 수 있는

사람은 나의 시어머니 오서운 마리아 여사님뿐이시다. 깜짝 놀라 벌떡 일어나서 보이지도 않을 테지만 반듯한 자세로 고쳐 앉는다. “아직까지 자고 있냐?”라고 나무라실까 봐 진즉에 잠에서 깬 것처럼 목소리부터 가다듬는다. “예 어머니 어쩐 일이세요?” 다짜고짜 “너네 집 전화는 왜 그렇게 안 받아서 요금 비싼 핸드폰으로 전화하게 하냐?”라고 역정부터 내신다.

그런데 집 전화 온 일이 없다. 지금까지 잘하시던 집 전화를 요즘 들어 수시로 안 받는다고 화를 내신다. 나중에 안 일이지만 끝 번호를 잘못 적어 놓으셨다. 그동안 잘하시던 번호를 왜 그렇게 해놓고 짜증을 내시는지, 하지만 모든 일에 당신 잘못은 거의 없다고 생각하신다.

수년 전 시월 중순쯤이다. 제법 추운 밤 12시 가까운 시간에 당신 전화기를 밭에 놓고 온 것 같다며 어떻게 하냐고 하신다. 그 얘기는 지금 와서 찾아달라는 뜻이기에 여러 말이 필요 없이 눈밭이라도 가서 찾아야 한다. 어머니의 큰아들 큰며느리가 플래시 들고 전화해가며 삼십여 분간 온 밭을 헤맸지만 끝내 전화기는 대답이 없었다. 어머니 위로해 드리고 오던 그날 밤, 우리는 꽤 추워서 떨어야 했다.

혼자 계시기에 반찬을 만들어 자주 찾아뵌다. 우리와 얼굴을 마주하는 순간 좋은 이야깃거리도 많을 텐데 처음부터 아프다는 얘기, 부모에게 잘한다는 다른 집 자식들 얘기 등 끝이 없으시다. 그래서 우리는 아파도 전혀 아프지 않은 척, 항상 젊은 척, 모든 생활이 다 좋은 척해야만 된다. 오히려 어머니를 아는 다른 사람들은 효심 깊은 자식들을 두었다고 어머니를 부러워한다. 지금까지 거의 당신 뜻대로 해 드렸다고 생각하는 나도 이젠 어머니의 짜증 섞인 얘기가 싫어지는 걸 보면 나이 먹어 가나 보다.

어머니를 처음 만났을 때 어느 영화배우를 닮아서 정말 예쁘고 멋지신 모습에, 남편보다 시어머니에게 더 푹 빠져버린 나였다. 올해로 어머니와의 인연을 맺은 지 어언 사십 년째이다. 하지만 순진무구한 나는 어머니의 진심을 알은 지 불과 몇 해 되지 않았다. 그동안 모든 것을 어머니의 말씀 액면 그대로 믿고 순종했던 나는 참 어리석고 순진했다. 사실 그랬기에 지금까지 별 탈 없이 살아올 수 있었다.

아들 없이 딸만 둘을 둔 나에게 사십이 넘을 때까지 설날 아침, 세배드릴 때마다 판박이처럼 유일한 덕담은 "올해는 아들 하나 낳아라."라는 말씀이셨다. 그 이후로도 손주 소식이 없자 병원에서 다른 사람이 금방 낳은 아들 데려올 테니 키우라고 하셨다. 결국 사춘기가 된 큰손녀가 아들 데려오면 가출하겠다는 바람에 나중에 커서 아들 노릇 톡톡히 하라는 명령과 함께 무산되어 버렸다. 남이 낳은 아들을 데려올 수 있다는 우리 어머니는 능력자이시다.

어머니와의 좋았던 추억도 있겠지만 여러 가지 아픈 기억들이 선명하게 남아 지워지지 않음은, 딸이 아닌 며느리여서 일 것이다. 지금 이 순간도 정말 후덕해 보이시고 멋스럽고 인자하신 웃음은, 세월이 흘렀건만 성성한 백발마저 더 품위 있어 보이신다. 그 인자하신 웃음 뒤에도 항상 다른 뜻 없이 있는 그대로의 모습만 보여 주셨으면 좋겠다.

요즘 들어 하늘을 찌를 듯 당당하시던 어머니의 기세가 눈에 띄게 약해진 것을 순간순간 느낀다. 요양보호사가 일주일에 세 번씩 집에 와서 도와주고 있지만, 모든 게 귀찮다고 두어 달 전부터 요양 병원으로 가고 싶어 하신다. 자식들은 극구 반대하며 한번 들어가면 나올 수 없는 곳이라고 달래 보지만 뜻이 워낙 강한 분이어서 어느 때 가실지는 아무도 모른다. 그런 어머니가 며칠 전에 일반 병원에라도 입원하고 싶다 하셨다.

여기저기 아픈 곳은 많아도 크게 아픈 곳은 없지만, 영양 주사라도 맞으면서 며칠 동안 병원에 계시면 마음이 편할 것 같다 하기에 휴양 차 입원시켜 드렸다. 이번 설날에는 설음식 차려서 병원으로 세배하러 다녀왔다.

'메기의 법칙'이라 하던가? 같은 웅덩이에 살면서 메기한테 쫓겨서 늘 긴장 속에 사는 미꾸라지 이야기가 있다. 메기한테 잡혀 먹히지 않으려고 치열한 생존의 몸부림을 쳤으리라. 항상 뭔지 모를 팽팽한 긴장감과 불안감을 안고 대기 중인 심정으로 살아온 지금의 나처럼.

이제부터라도 편안한 마음으로 살려고 노력하지만 쉬운 일은 아니다. 시어머니는 시어머니이고, 며느리는 영원한 며느리이므로. 하지만 그런 어머니가 안 계신다면 내 삶이 너무 느슨하고 나태해서 더 빨리 늙은이가 되어버릴 것 같다. "오서운 마리아 어머님! 늘 건강하시고 이제는 작은 일에도 행복한 마음으로 사셨으면 좋겠습니다. 당신이 계시므로 저는 마음만은 항상 젊은 며느리로 살아갈 수 있게요."

핏빛 진달래꽃

매섭던 한파와 폭설이 심했지만, 밀려오는 봄기운이 쌀쌀한 꽃바람 뒤에 바짝 따라왔다. 유난히 눈도 많이 오고 추웠던 지난겨울, 다시는 오지 않을 것 같던 봄이 산등성이 너머 저만치 오고 있다. 오래된 오두막집 뒷산에 핀 진달래꽃이 가장 먼저 봄소식을 전해왔다.

야리야리한 연분홍 색깔이 사랑으로 물든 갓 시집온 새색시 얼굴을 닮았지만, 앙상한 가지를 떨고 있는 것을 보니 간신히 꽃샘추위를 이겨낸 것 같다. 미처 털어내지 못한 두꺼운 겨울의 흔적이 가지 끝에 남아있다. 스치는 작은 바람결에도 파르르 떨리는 꽃은 곱다 못해 애처로워 보이기까지 한다.

촉나라 망제(亡帝)는 나라를 잃고 죽어서 두견새가 되

었다고 했다. 망제의 원혼이 깃든 두견새는 촉나라로 가고 싶어 울어댔고, 그 새의 목에서 쏟아진 피가 땅에 스며 진달래꽃이 되었다는 전설이 있다. 내 추억 속의 진달래도 연분홍색 명주 저고리를 물들인 핏빛이었다.

봄마다 진달래가 흐드러지게 핀다는 영취산이 아니어도, 분홍으로 물결을 이룬 한라산 자락이 아니어도 유년 시절 초등학교 옆 명덕산에는 진달래가 지천으로 피어있었다. 명덕산은 꼬불꼬불한 다랭이논 몇 개만 건너면 있었다.

초등학교 입학 전 잦은 병치레로 자생력 없이 자란 온실 속 화초처럼, 숫기도 없고 활기차지 못한 나는 늘 부모님의 걱정거리였다. 입학한 지 채 한 달이 되기 전의 일이었다. 방과 후 같은 동네 친구들이 명덕산에 진달래꽃을 따러 가자고 했다. 산에 오른다는 것은 태어나서 처음이었고, 부모님이 아시면 큰일 날 일이었지만 겁 없이 따라갔다.

삐뚤삐뚤한 다랭이 논길을 혹시나 헛디딜까 봐, 친구들 따라 맨 뒤에서 조심스럽게 건넜다. 산 입구에 도착했다. 논이 많은 들녘에 살던 나는 깜짝 놀랐다. 처음 본 연분홍 색깔의 진달래꽃은 어린 내 마음을 단숨에 사로잡았고, 가슴은 두근두근 뛰었다.

꽃을 따며 산 중턱쯤 올라가다 문득 뒤를 돌아다봤다. 지나온 길 먼발치에 유난히 탐스러워 보이는 꽃이 눈에

떠었다. 그 순간 '저렇게 예쁜 꽃은 내가 꼭 따야 돼' 생각하며 혹시나 다른 친구들이 따갈까 봐, 급한 마음에 내리막이라는 것도 잊은 채 달렸다. 항상 힘없이 비실거리던 내가 어디서 그런 용기가 났을까? 내리막길은 뒤로 힘을 준 채, 천천히 걸어도 온몸이 앞으로 쏠리는데 달리다시피 빠르게 내려갔으니 ……. 어린 마음에 부질없는 욕심이었다.

정신을 차려보니 나만큼이나 앙상한 진달래 가지를 붙잡은 채 쓰러져있었다. 10여m를 산 아래로 뒹굴어 떨어졌다. 친구들이 놀라서 달려왔고, 어떤 친구가 내 머리에서 피가 난다고 말했다. 엉겁결에 아픈 줄은 몰랐지만, 피가 난다는 말에 너무 놀라서 겁이 덜컥 났고 그때부터 울기 시작했다. 머릿속이 찢어져서 흐르는 피는 얼굴을 타고 내려와, 연분홍색으로 곱게 물들여 입혀준 내 저고리까지 흘렀다.

바느질 솜씨가 좋았던 어머니가 명주실로 짠 옷감에 얇은 솜을 넣어 만든 누비저고리였다. 연분홍색 위에 핏물을 덧씌웠으니 얼마나 진한 핏빛이었겠는가. 부모님께 큰 걱정 하나를 더했고 치료하는데 꽤 오랜 시간이 걸렸다. 머릿속에 흉터 하나 남긴 어릴 적 진달래꽃과의 아픈 추억이다.

수년 전 봄날 남편과 어느 산길을 갔다. 제법 쌀쌀한 날씨였지만 진달래꽃이 꽤 많이 피어있었다. 산골 밭두렁에 붙어있는 야산인데도 사람들의 발길이 거의 없는 곳이었다. 남편은 그냥 가자고 했지만 내가 우겨서 꽃을 따자고 했다. 그 무렵 나는 과일이나 꽃으로 술 담그는 취미에 빠져있었다. 진달래꽃 술은 어떤 술보다 색깔이 예쁘게 우러나서, 예전에도 진달래꽃으로 술을 담근 적이 있었다. 깨끗이 씻어 물기를 뺀 꽃에 술을 부어서 날짜를 적어 놨다.

서너 달 때쯤 지나서 남편은 진분홍빛으로 예쁘게 우러난 술을 마시고 싶다 했다. 마침 순대 사 온 것이 있어서 안주 삼아 머그잔으로 반 잔 정도 마셨다. 그런데 두어 시간 뒤 갑자기 어지럽다던 남편이 구토하기 시작했다. 처음엔 체한 줄 알았다. 아니면 순대에 이상이 있는 줄 알았지만, 순대를 먹은 다른 식구들은 아무런 이상이 없었다. 두세 번 구토하고도 계속 어지럽다는 바람에 딸과 둘이서 양쪽 어깨를 부축하고, 병원에 가기 위해서 엘리베이터 앞에 섰다.

그러자 남편은 갑자기 앞이 캄캄해져서 전혀 보이질 않는다며 그 자리에 털썩 주저앉았다. 구급차를 불러야 한다는 생각은 하지 못하고 내가 운전해서 대학병원 응급실로 향했다. 가는 도중 딸아이는 "아빠 괜찮아요? 지금도 앞이 안 보여요?" 계속 말을 시켰다. 운전하는 나는 온몸이 떨리고 급한 마음에 신호도 무시한 채 그냥 달렸다. 오히려 내가 사고를 낼 것 같아 불안했고, 위급 상황에 가족은 운전하면 안 된다는 것도 알았다.

병원에 도착해서 여러 가지 질문과 피검사 소변검사를 했다. 구토와 어지럼증의 원인은 진달래술이었다. 예전에도 진달래술을 마신 적이 있었는데 그땐 괜찮았었다.

눈앞이 캄캄해져 보이지 않을 정도로 혈압이 40으로 내려간 남편은, 겉보기엔 멀쩡해 보였지만 갑자기 위급환자가 되어버렸다. 어지럼증 때문에 서서 걷거나 움직이면 절대 안 된다고 했다. 소변 줄을 꽂고 음식은 아무것도 먹지 못한 채, 위세척까지 한 뒤 사흘 동안 응급실 신세를 져야 했다.

진달래는 참꽃이라 해서 식용이 가능하지만, 우리가 딴 진달래꽃 중에 개 진달래가 몇 송이 섞여 있었던 것 같다. 산에 있는 진달래와 개 진달래는 구분하기가 쉽지 않았다. 개 진달래는 독성이 아주 강해서 식용으로는 절대 안 된다고 했다. 사망할 수도 있다는 말에 가슴이 덜컥 내려앉았다.

이제는, 망제의 원혼이 깃든 두견새도 아니면서 구토까지 한 남편 이야기를 가끔은 무용담처럼 웃으면서 말한다. 그날 이후 진달래꽃이 아무리 예뻐도 따지 않고 눈과 마음속에 담는다. 그러기에 봄날은 또 아름답게 흘러가고 있나 보다.

남의 인생

노란색 호박단 저고리와 남치마를 입었다. 수년 전 지인을 따라간 영화 촬영장에서 조선시대를 배경으로 영화를 찍었다. 경종 집권 말기에 기생학교에서 최우수 성적으로 졸업한 유명한 기생과 기방에서 난동을 부리는 건달들 사이에서 일어나는 사건들을 다룬 코믹 영화다.

사극과 현대극 두 편의 영화 중 사극에서는 여염집 아낙네로 분장해서, 많은 인파 속을 지나가는 행인 역할을 했다. 현대극은 주인공 여자를 한 방에 날려 보내버려야 할 여자에게, 한방에 꽂혀버린 남자의 이야기를 다룬 이것도 역시 코미디지만 멜로 영화였다.

현대극에서 내가 해야 할 역할은 어느 대학병원 정문 앞에서 음료수 박스를 들고 병문안 가는 역할과 병원 안에서 환자의 휠체어를 밀고 가는 보호자 역할로 나왔다. 그냥 보기엔 환자와 나는 부부처럼 보였지만 환자복을 입은 그 환자 역시 대역이다.

대사 한마디 없이 짧은 순간 뒷모습만 잠깐 나와 전혀 비중 없는 역할이다. 하지만 그 짧은 순간을 찍기 위해서 아침부터 저녁까지 하루해를 보내야 했다.

주인공으로 나오는 유명한 배우들을 실제로 가까이에서 볼 수 있고, 대역으로 영화도 찍을 수 있다는 지인의 말에 호기심과 기대를 안고 선뜻 따라나섰던 것이다. 주인공을 가까이에서 볼 수는 있었지만 매 순간마다 팽팽한 긴장 속에 촬영하느라 말 한마디 건넬 수 없었고, 같은 공간에서 유명한 배우들과 함께 식사하는 것으로 만족해야 했다.

주연, 조연, 대역 등 모두 자기와는 상관없는 각양각색의 남의 인생들을 대신 살아주는 역할을 하는 것이지만, 촬영을 시작하는 순간 최고의 장면을 찍기 위해 배우들의 열연은 뜨거웠다. 그들의 모습을 보며 문득 떠오르는 얼굴이 있었다.

어쩌다 본인 의지와 상관없이 남의 인생을 살고 있는, 생각할수록 가슴이 찡하게 아려오는 친정 이모의 삶이다.

이모는 자신의 실제 나이보다 열세 살이나 더 많은 나이로 살고 있다. 이 땅에 태어나는 순간 열세 살이 된 셈이다. 하나밖에 없는 이모가 그렇게 많은 나이로 살아가고 있다는 사실을 내가 알게 된 것도 불과 몇 해 전이다.

실제 나이는 칠십 후반이지만 서류상으로 구십 초반으로 살아가고 있는 것이다.

정확한 이유는 모르겠지만 옛날 어두웠던 시절에 어린 자식이 사망해도 사망 신고를 하지 않고 있다가, 다음 자식을 낳으면 그 자식 앞으로 그냥 올리지 않았을까 싶기도 하다. 나이를 제대로 바꿔서 본인의 인생을 살고자 했지만, 재판을 해야 하고 또 증인을 두 사람이나 세워야 하는 등 여러 가지 수속이 복잡해서 그냥 살아간다고 했다.

외할머니가 우리 어머니인 딸 하나밖에 낳지 못하자, 애가 타던 외할아버지는 아들을 얻고자 해마다 여러 여자들이 거쳐 갔다고 했다. 몇 번씩이나 그렇게 보내다가 결국 외할아버지 늘그막에 얻은 여인이 잉태를 했다. 외할아버지의 기쁨은 말로 다 할 수 없었고, 아들인지 딸인지 너무 궁금해서 점집이라는 점집을 다 찾아다녔다고 한다.

그러다 어떤 점쟁이가 음력으로 이월 안에 낳으면 아들이고 삼월을 넘겨서 낳으면 딸을 낳는다고 했단다. 외할아버지는 이월에는 어떤 중요한 일이 있어도 출타하지 않고, 행여나 아이를 낳을까 봐 집안에만 있었다고 했다. 하지만 무심하게도 이월이 다 지나고 삼월 초하룻날 아기를 낳았다. 딸이었다. 그 아이가 바로 우리 이모다.

이모가 태어날 무렵, 어머니는 이미 결혼해서 둘째 오빠까지 낳은 상태였다. 이모는 둘째 오빠보다 네 살이 어리다. 늙은 영감님과 세 살짜리 어린 딸을 두고 이모를 낳아준 엄마는 다른 곳으로 떠났다. 혼자서는 살림을 할 수 없었던 외할아버지는 두어 마지기 되는 밭뙈기와 어린 딸을 데리고, 시집살이하는 큰 딸네 집에 오셔서 남은 여생을 의지할 수밖에 없었다.

그때부터 이모는 자신보다 나이가 더 많은 아들을 둘이나 둔 엄마 같은 언니네 집에서 함께 살아야 했다. 철없는 오빠들이 이모를 울리고 싸울 때, 어머니의 마음은 찢어지는 듯 아팠다고 했다. 어머니는 어린 이모와 늙은 외할아버지까지 한 집에서 모시려니 시부모와 시동생들의 눈치를 얼마나 봐야 했을까.

이모는 초등학교를 안 다녀서 한글을 모르고 살았다. 이모의 부모 역할까지 해야 했던 어머니. 그 시절 생활도 어려웠을 뿐 아니라 층층시하의 시집살이, 더구나 호적상 열세 살이나 많아 입학할 때는 스무 살이 넘은 이모를 학교에 보내기 어려웠으리라.

이모는 가장 기초적인 한글조차 모르니 모든 것이 답답했지만, 병원이나 신분증을 확인하는 곳에서는 모두 놀란다고 했다. 그도 그럴 것이 모습은 칠십 대 후반인데 구십 초반으로 되어 있으니 젊어 보인다고 할밖에.

실제 나이에서 젊어 보인다 해야 기분이 좋지, 잘못된 나이에서 젊어 보인다는 소리를 들을 때마다 살아보지도 못한 13년이라는 세월을 더 살아온 남의 인생에 기가 막혔다고 했다. 그것뿐이겠는가. 지금이야 늙어서 포기했지만, 한 때 젊었을 때는 자신이 어려운 환경에서 태어나서 성장해야 했던 과거가 너무 서럽고 한스럽기도 했다고 한다.

나와 동생 둘은 유년 시절을 이모에게 많이 의지하며 보냈었다. 위로 오빠 셋이야 이모 손길이 닿지 않았지만, 나와 두 동생은 늘 이모와 함께 했다.

눈이 무릎까지 쌓이고 심한 눈보라가 치던 이모 시집가는 날, 여섯 살 된 막내 여동생은 이모 따라 함께 가겠다고 목 놓아 울었던 기억이 지금도 생생하다. 이모 역시 울며 뒤돌아보느라 걸어서 십 리가 넘는 길을 바삐 가야 했지만, 걸음을 뗄 수가 없었다고 했다.

'어려서 굽은 나무 커서도 굽는다.'고 어려운 살림에 사 남매 낳아 키우고 살아가느라 고생을 많이 했다. 사 남매 모두 착하게 커서 각기 잘 살아가고 있어 다행이지만, 교통사고 후유증으로 혼자서 생활할 수 없는 큰아들이 이모의 아픈 손가락이 되었다. 젊어서도 잔병치레가 잦고 왜소했던 이모, 어머니나 다름없는 이모가 요즘 큰 수술을 여러 차례 했고, 온몸이 여기저기 많이 아프다고 한다.

아무리 호적상으로는 남의 인생을 살았을지언정 이왕이면 고생 없이 행복한 삶을 살았더라면 더 좋았을 것을. 갑자기 이모의 안부가 궁금해 전화기를 든다.

사랑앓이

그를 생각하면 끝없이 펼쳐진 초원이 떠오르고 저절로 웃음이 난다. 나는 지금 그와 사랑에 푹 빠져 늘 푸른 숲길을 걷는 기분이다. 그와 처음 마주했을 때 사랑에 빠질 수밖에 없다는 것을 운명적으로 예감했다.

요즘 그의 뽀얀 얼굴은 주체할 수 없는 활기가 넘쳐 보인다. 이제야 알게 된 그의 존재로 어느 때는 혼자만의 즐거운 열병을 앓기도 한다. 그는 나의 마음을 끌어들이는 어떤 마력을 지녔다.

사랑이라는 것이 점차 퇴색해지는 내 마음 한구석에, 작은 불씨 하나 점화시켜 불꽃을 피워준 그. 지금도 보고 싶은 그리움에 콧날을 시큰하게 하는 그는, 분명 나에게 큰 행복을 안겨준 존재이다. 그런 그를 나는 아주 많이 사랑하고 있다.

그를 알게 된 지는 23개월쯤 되었다. 하지만 실제로 만나본 것은 세 번뿐이다. 만날 때마다 두세 달씩 온몸으로 부대끼며 한집에서 살아 본 적도 있었다. 아무리 힘들고 지쳐있어도 그를 생각하면 여름날 시원하게 퍼붓는 한 줄기 소나기 같은 존재다. 쉽게 잠들지 못하고 뒤척이는 밤에는 아무도 몰래 슬며시 사진 속의 그를 찾는다. 활짝 웃고 있는 그는 나를 힘나게 하는 비타민이 되어 준다.

지금, 자주 만날 수 없는 우리는 오늘도 화상 통화로 서로의 그리움을 달랜다. 대부분 나 혼자만의 짝사랑이지만 그도 가끔씩은 나를 보고 웃어주며 좋아할 때가 있다. 그런데 요즈음 그는 화상 통화하다 말고 자주 딴청을 피우기도 한다. 통화가 연결되는 순간 잠깐 고개를 끄떡, 눈인사만 하고 바로 돌아서 버린다. 마치 내가 무슨 말을 할지 다 알고 있다는 듯하다.

거의 매일 하다시피 하는 화상 통화에 싫증이 났을까? 언어가 잘 통하지 않아도 난 그의 얼굴을 보면서 이야기하고 싶은데. 그냥 말없이 바라보기만 해 줘도 좋겠는데. 돌아선 그는 자기 일에 열중인 척하며, 머쓱한 듯 괜히 이것저것 만지다가 건성으로 책장을 쉬쉬 넘기기도 한다.

그가 하는 행동은 내가 보기에 별로 중요치도 않아 보인다. 그러다 가끔씩 큰 인심이나 쓰는 것처럼 나를 바라보고 씩 웃으며 손을 흔들어 줄 때도 있다. 아! 그 순간 내가 사는 이유가 되고 가슴 떨리는 희열을 느낀다. 그가 봐주지 않아도, 짜증을 내고 어떤 짓을 해도 나는 그를 조건 없이 사랑한다. 이렇게 무조건적인 사랑을 쏟아내도 그에게 온전히 전달될 리 없겠지만.

사랑의 열병이 더 깊어지기 전에 하루라도 빨리 만나서 손도 잡아보고 얼굴도 비벼 보고 싶다. 그리고 맛있는 것도 만들어 주며 함께 있고 싶다. 그런 그를 남편과 함께 20여 일 후에 만나러 간다. 남편도 그를 많이 좋아하고 있으니까. 그를 만나기는 쉽지가 않다. 12시간의 긴 비행과 또 한 번의 환승으로 인한 고됨도 감내해야만 볼 수 있다.

화상으로만 보아온 내 얼굴을 기억이나 할까? 보자마자 내 품에 와락 안겨줄까? 그와 나는 어떤 인연으로 맺어졌기에 이렇게도 애틋할까? 내 첫 손주로 와준 그는 틀림없는 전생에 나의 첫 애인이었을 것이다.

당첨

가을이 미처 떠나지 못하고 머뭇머뭇 서성거릴 즈음. 남편과 딸, 셋이서 임실 치즈마을에 갔다. 가끔 가보고 싶다는 생각은 했지만 가까운 곳에 있다는 핑계로 그동안 미뤄왔다.

과거에 벨기에 출신 신부님이 산양 두 마리로 시작해서 지금의 임실 치즈가 되었다는, 지정환 신부님의 일대기를 알 수 있는 기념관을 둘러보았다. 제대로 알지도 못하는 가난한 나라에 와서, 숱한 고생 끝에 대단한 열정과 애정이 없었다면 해내지 못할 기적을 이뤄낸 것 같아 숙연한 마음이 들었다.

'치즈 만들기', '산양 먹이 주기', '비누 만들기' 등 다양한 체험이 있었다. 우린 직접 만들어서 바로 먹을 수 있는

'피자 만들기' 체험을 선택했다. 원래 피자를 별로 좋아하지도 않고 끼니는 꼭 밥을 먹어야 하는 남편이지만, 셋이서 4인용 피자를 다 먹는 바람에 점심 한 끼를 대신했다.

십만여 평이 넘는다는 테마파크 장은 유럽풍의 집들과 정원으로 아름다운 경관을 만들었고, 마침 화창한 가을 날씨에 하늘은 눈부시게 파란색을 띠어 사진 찍기에 더없이 좋았다.

여기저기 둘러보던 중 오후 두 시부터 치즈를 숙성시키는 동굴 옆에서 〈동굴 음악회〉를 한다는 관계자의 말을 들었다. 출연진들을 보니 임실군에서 활약하는 남녀 합창단과 별로 알려지지 않은 또 한 팀의 합창단이 있었다. 유명한 가수들이 온 것도 아니고 해서 별 관심 없이 그냥 지나칠까 망설이는 중에, 추첨해서 상품을 준다는 말에 귀가 솔깃했다.

나는 원래 어떤 상품 추천하는 곳에 가면 하찮은 것도 당첨이 잘 되었다. 큰 슈퍼마켓 개업하는 곳에서도 서너 차례, 동민의 날 각 아파트별로 체육대회 날에도, 해마다 월드컵 경기장에서 열리는 세계 발효식품 엑스포장에서도 내가 받은 번호표는 잘 뽑혔다. 심지어 친정 동네 면사무소에서 열리는 면민의 날 행사장에서도, 내가 받아서 동생댁에게 준 번호가 당첨되어 자전거를 받은 적도 있다.

최근 몇 년 동안 그런 곳에 가지 않아 상품을 탈 기회가 없었는데, 이런저런 생각에 혼란스러워 망설였지만 내 마음은 이미 상품에 약해져 있었다. 남편과 딸을 설득해서 음악회장 앞에 조심스럽게 앉았다. 남편과 딸도 당첨이 잘되는 내 실력을 알기에 쉽게 허락했다. 음악회는 관심 없고 상품에만 맘이 있다는 것이 탄로 날까 봐 가슴이 두근거렸다.

그런데 번호표라도 줘야 하는데 전혀 아무것도 없었다. 관객이라야 빨간색 셔츠와 검정 바지를 단체로 입고 있는 임실 합창단원들과 관광객 열댓 명 합해서 삼십 명도 채 안 됐다. 다른 합창단의 기타 연주와 노래 몇 곡이 끝나고 사회자가 나왔다.

번호표를 주지 않은 이유는 퀴즈였다. "지금 동굴에서 치즈가 익어가고 있는데 치즈 익는 소리는 어떻게 나지요?"라는 문제였다. 모범생인 나는 한참을 생각했다. '어떤 소리가 날까? 언제 들어나 봤어야지' 정석으로 생각하고 있을 때 뒤에서 여러 사람들이 말했다. "뽀글뽀글요." "맛있는 소리요." 아! 그 두 사람 나오라 해서 상품을 주는 것이 아닌가. 그럼 애초부터 넌센스라고 말을 해줘야지. 너무 싱겁게 한 게임 끝나버렸다.

관람객이 너무 없으니 잡아놓으려는 심산으로 퀴즈를 미루고 또 노래 몇 곡을 했다. 사회자가 두 번째 문제를 냈다. 이번 문제는 넌센스도 아니고 어떤 상식이나 공식을 풀어서 맞출 수 있는 문제가 아니었다. 가장 쉽다면 쉽고 어찌 보면 가장 어려운 문제일 수도 있었다. "이번 크리스마스 때 산타 치즈 축제가 있는데 기간이 언제부터 언제까지 일까요?" 얼른 손을 들었다.

아까 여기저기 관람하며 두어 군데 걸려 있던 현수막을 본 것이 생각났다. "12월 21일에서 25일까지요" 여러 사람이 손을 들었지만 빨리 손을 든 차례로 나하고 젊은 아저씨하고 뽑혔다. 임실에서 재배했다는 500g짜리 마른 영지버섯 한 봉지씩 받았다. 아! 이 기쁨. 가슴이 콩닥콩닥 뛰었다. 그런데 무대 한쪽에 아직도 상품 봉지가 더 남아있는 것이 보였다.

또 합창단의 노래가 몇 곡 끝나고 세 번째 퀴즈라고 사회자가 마이크를 잡았다. 이번에는 빨간 비닐로 포장된 크고 두꺼운 빵처럼 생긴 물건이었다. 다섯 사람만 빨리 나오라고 했다. 염치 불구하고 얼른 일어나서 1번으로 나갔다. 여섯 번째 어떤 아줌마가 자기도 기어이 참여하겠다고 우기는 바람에 여섯 명의 대결이었다.

둥그스름한 빵처럼 생긴 그 물건을 들어보고 무게를 말하라 했다. 실제 무게와 가장 근접하게 말한 두 사람에게 상품을 준다 했다. 1번인 내가 제일 먼저 들어봤다. 가벼운 줄 알고 한 손으로 잡았으나 꽤 무거웠다. 두 손으로 들고 여러 번 무게 측정을 했다. 5kg은 안되고 4.5kg쯤 된다고 말했다. 다른 사람들은 5.5니 6이니 4.2니 여러 의견들이 나왔다.

참가자들이 다 들어보고 나서 대답한 후 저울에 달아

보니 4.7kg이었다. 아니 이럴 수가! 내가 가장 근접하게 맞추었다. 그다음에 4.2kg이라고 말한 사람이었다. 상품으로 임실 산양유에 블루베리를 넣어 만들었다는 프리미엄 요구르트 500ml짜리 두 병이었다.

두 번 상품을 탄 사람은 나밖에 없었다. 재미 삼아 했고 값으로 따지자면 별것도 아닌데, 너무 욕심을 냈나 싶기도 해서 벌겋게 상기된 얼굴로 자리에 와 앉았다. 옆에 있던 딸이 귀에 대고 가만히 말했다. 자기도 알고 있었지만 나가지 않았다고. "알면 뭐 하냐? 구슬이 서 말이라도 꿰어야 보배고 부뚜막의 소금도 집어넣어야 짜지. 나도 네 나이 땐 사람 셋만 있어도 그 앞을 못 지나갔다." 한마디 톡 쏘았다.

복권을 사본 일이 거의 없다. 나를 알고 있는 사람들은 재미 삼아 복권에 도전해보라 한다. 하지만 그럴 마음은 전혀 없다. 차라리 하늘의 별을 따올 수는 있어도 복권에 당첨될 리는 절대로 없을 테니까.

3부

민달팽이의 집

청향 유옥경

3부

민달팽이의 집

행복한 유배 생활

어김없는 봄이다. 코끝에 와 닿는 바람결이 한결 부드러워졌다. 지난겨울 혹독한 추위는 따스한 봄을 위해서였나 보다. 하지만 마음속은 아직도 시린 겨울이다. 그동안 무심코 만나던 사람들이 그립다. 보고 싶을 때 자주 볼 수 없고 스트레스 날려 버릴 수다도 떨 수가 없다.

답답하다. 보이지 않는 코로나 바이러스 때문에, 몇 달째 일주일에 한 번 갈 수 있는 수필 수업에 참석하지 못하고 있다. '다음 주에는 갈 수 있겠지 다음 주에는 꼭 가야지' 생각하지만, 뉴스에서는 코로나 확진자 숫자가 줄지 않고 연일 늘어난다는 보도를 한다.

아침 식사 중 남편의 눈치를 살짝 보며 물었다. "나 오늘 수업하러 가도 될까?" 남편은 여지없이 깜짝 놀란다.

지금 환자가 더 늘어나고 있다는데 어떡하려고, 잠잠해질 때까지 조금만 참으면 안 되냐면서 이번 학기는 쉬었으면 좋겠다고 한다. 그 말에 질세라 "학교 측에서 방역도 철저히 하고 칸막이는 물론, 한 칸씩 띄어서 앉고 마스크도 쓰고 수업을 한다."라고 볼멘소리로 한마디 거들다가 화가 치밀어 울컥 눈물이 났다.

남편은 지금까지 내 의견에 반대해 본 일이 거의 없었다. 그런데 지금의 내 생각에 반대한다는 것과 감옥처럼 갇혀 산다는 느낌에 억울함이 확 밀려왔다. 다른 사람들과는 적당히 만나도 아무 말 안 하면서 유독 수업에는 가지 않길 바라는 것 같다. 그럴리야 없겠지만 일부러 나를 집 안에 묶어 두려는 것 같은 의심까지 들어서 더 화가 났다.

직업상 여러 사람을 만나야 하는 남편의 '조심하자'는 말이, 머리로는 이해가 되지만 가슴으로는 받아들이기가 쉽지 않았다. 그렇다고 우길 수도 없다. 꼭 가야 하는 직장도 아니고, 내가 참석하지 않아도 아무 문제가 없는 일이기에.

평상시 우리는 시간 날 때마다 가까운 곳에 여행을 자주 가는 편이다. 친구들과 만날 수 없는 요즘 들어 둘이서만 주말마다 어디론가 떠난다. 그동안 관광지로 이름나지 않아서 안 가본 곳만 일부러 찾아다닌다. 하지만 둘이 다니는 것도 한계가 있지, 내가 좋아하는 일을 같이 하는 사람들과도 만나고 싶다.

이곳에 이사 와서 아직은 속내를 털어놓을 만한 친구도 없다. 그렇다고 울타리가 없어서 수시로 볼 수 있는, 이 시골의 옆집 팔순 된 이장님 내외분과의 대화는 서로 통할 수 있는 공통점이 없어서 시들하다.

몇 년 전 친구들과 다산 정약용 선생이 유배 생활한 강진에 다녀온 일이 있다. 산골 동네 끝자락에서 또 산속으로 이십여 분쯤 올라가서야 다산초당이 나왔다. 종일 햇빛이 들지 않을 것 같은 숲 속이었다. 직접 땅을 파서 만들었다는 연못은 작지만 품위와 깊이가 느껴졌다. 천주교에 관심을 가졌다는 말도 되지 않은 억울한 이유로, 열여덟 해 동안 이곳에서의 유배 생활을 했다고 한다. 긴 세월 파란만장한 삶을 살았겠지만 대신, 많은 저술을 남겼다는 다산초당이다.

내 잘못도 없이 나의 억울한 유배 생활도 다람쥐 쳇바퀴 돌듯 한다. 마당 텃밭 가에 뿌려놓은 씨앗이 언제쯤 싹이 틀까? 아침저녁으로 문안 인사하듯 틈만 나면 그것들을 살핀다. 몇 날 며칠을 기다린 끝에 상추, 고수, 아욱, 시금치 등이 있는 힘을 다해 흙을 밀어 올리고 빼꼼히 얼굴을 내밀었다. 무엇이 이리도 예쁘고 반가울 수가 있을까? 올라오자마자 쑥쑥 커 주면 좋겠는데, 하루에도 몇 번씩 들여다보니 마냥 땅에 붙어있는 것 같아 내 마음만 급하다.

아침에 남편과 욱하니 한바탕하고, 마음을 다스리려

소쿠리 하나 들고 뒷밭에 붙어있는 산자락으로 갔다. 집 뒤에 낮은 산이 있었지만 처음 올라갔다. 열댓 그루 서있는 매화나무에 꽃이 뭉게구름처럼 흥건히 피어있다. 꽃을 보니 화가 났던 마음도 가라앉고, 터무니없는 생각으로 잠시나마 남편을 의심했던 생각도 누그러졌다.

밭 가장자리에 쑥이 제법 자랐다. 쑥이 나온 길을 따라 산길로 올라가니 여기저기 머위도 올라와 있었다. 쑥과 머위를 캤다. 저녁에 새로운 반찬을 만들 생각에 기분은 좋았지만, 혹독한 추위를 이겨내고 나온 어린 것들을 캐는 것 같아 미안한 마음까지 들었다.

제대로 햇빛조차 들지 않아 어둡고 스산해 보이기까지 한 다산초당은, 유배객의 쓸쓸한 거처만은 아니었다 한다. 선비가 꿈꾸는 이상적인 공간이자, 조선시대 학술사에서 가장 활기찬 학문의 현장이었다고 한다.

아무리 혼자 애가 닳아도 어찌할 수 없는 현실에서 나도 생각을 바꾸기로 했다. 피할 수 없으면 즐기라 했듯이, 억울한 유배 생활에서 행복한 유배 생활로. 작지만 내가 하고 싶어서 간절히 원했던 텃밭 가꾸는 일 하면서 살고 있으니 크게 억울할 것도 없다. 다산초당처럼 학문의 현장은 아니어도 그동안 바쁘다는 핑계로 밀린 글이나 실컷 쓰며 즐기자.

며칠 전, 시인이자 그림을 그리는 시누이가 '사미정의 봄'이라는 제목으로 그린 그림 한 점을 선물로 가져왔다.

조선 후기 조덕린 선생이 노후에 수양하고자 경치 좋은 곳을 찾아지었다는, 봉화에 있는 오래된 정자와 고택이었다. 답답한 내 마음을 달래주는 듯 고택 주변에 한창 물오른 연분홍 꽃망울들이 금방이라도 터질 듯 봄이 오고 있음을 알리는 그림이다.

꽁꽁 언 땅을 뚫고 나오는 새싹들처럼 사미정의 봄을 알리려는 분홍색 꽃망울처럼, 언젠가는 이일도 끝을 보이겠지, 이만큼이라도 활동하며 살고 있음을 감사히 여기자. 모든 일을 행복함으로 생각하니 마음 또한 편안해진다.

스치듯 지나가 버릴 것 같은 아쉬운 봄날, 소쿠리 하나 달랑 들고 집 주변을 한 바퀴만 돌면 여기저기서 봄나물들이 반긴다. 저녁 밥상에는 미나리 삶고 머위 무치고 쑥국 끓여 올려야겠다. 오늘도 행복한 유배 생활하고 있는 나는, 남편을 위해 따뜻한 밥상을 차리는 우렁각시다.

민달팽이의 집

나는 한때 입버릇처럼 기도를 했다. 산길에서 만나는 돌탑 위에 돌멩이 하나 쌓아놓고 빌었고, 절에 가면 미소가 자비로워 보이는 부처님께 빌었다. 높고 푸른 하늘이나 낮게 내려앉은 잿빛 하늘을 볼 때에는 전능하신 하느님께 빌었고, 소박한 밥상을 차릴 때도, 진수성찬 앞에서도 빌었다.

민달팽이 같은 그의 알몸을 가릴 수 있는 집을 달라고. 차마 입 밖으로 내놓지 못하는 기도였지만 마음속에는 산더미 같은 호소와 간절한 바람의 말들이 쌓여갔다.

그가 알고 있는 다른 달팽이들은 대궐같이 큰집을 등에 얹고 꽤 여유롭고 자랑스럽게 살아갔다. 애당초 그에게도 남들이 부러워하는 집이 있었다. 운명이었을까? 작지만 평온했던 그의 집은 어느 심한 태풍에 날아가 버렸다. 한순간에 집을 잃은 그를 나는 민달팽이라 생각했다.

연갈색의 얇은 막에 싸여 두 쌍의 촉수로 살아가는 민달팽이처럼, 험난한 세상 밟히지 않고 살아가기 위해 느리지만 침착하게 그리고 끈기 있게 또 다른 집을 만들기 위해 안간힘을 썼다. 여러 차례 집을 만들어도 보았지만 어떤 이유에서인지 번번이 허물어졌다.

결국 너무 늦은 시기에 험난한 가시밭길로 잘못 들어서고야 말았다. 주변에서는 도저히 갈 수 없는 길이고 돌아오기엔 너무 먼 길을 택했다고, 걱정인지 위안인지 마음 졸이는 이야기들을 했다. 이러지도 저러지도 못할 아스라이 먼 길을 이미 들어서 버린 민달팽이는, 앞이 보이지 않는 안개 속을 걸었다.

어느 누구도 같이 가 줄 수 있는 길이 아니었다. 얽히고설킨 실타래를 혼자 풀어야 했고, 칼바람 같은 추위도 숨 막히는 무더위도 여린 맨몸으로 견뎌내야 했다. 그는 외로웠다.

누군가 그에게 말했다. 지금까지 어렵게 모아놓은 곡식은 많은데 쌓아놓을 집이 없어서 너무나 아쉽다고. 그 집을 만들기 위해 십 수 년의 세월 동안 연구하고 써 내려간 수많은 책들이 쌓여 갔다. 이렇게 많은 알곡들을 쌓을 집이 언젠가는 생기겠지. 막연한 기대를 했지만 실낱같은 희망은 무너지고 민달팽이는 점점 지쳐갔다.

지치고 힘들어서 포기할 즈음 그를 위한 기도와 바람이 헛되지 않았을까? 박사학위 공부 시작한 지 십여 년이 지난 어느 날, 그가 그림자처럼 함께하던 컴퓨터 앞에서 차분한 목소리로 나를 불렀다. 정식으로 교수로 임용되었다는 메일을 보여줬다. '기적은 일어나는 것이 아니라 내가 만들어 가는 것'이라는 말은 끊임없이 노력한 그를 위해 존재했다.

사십이 넘은 중반 너무 늦은 나이에 시작한 공부라서 앞으로 나갈 수도, 뒤로 되돌아갈 수도 없어 막막했고, 하늘의 별 따기보다 더 어렵다는 그 자리가 그에게 오다니……. '우리에게 어떻게 이런 일이 일어날 수가 있을까? 누군가 다른 사람이 가져가야 할 기적이 우리에게 잘못 왔을까? 아마 꿈일 거야.' 너무도 오랜 세월 기다리다 지쳐서 이미 포기한 일이었기에 믿어지지 않았다. 오히려 두려웠다. 혹시 잘못 전달해서 취소됐다고 할 것만 같아, 얼마 동안 조심조심 살얼음 위를 걸었다.

두려움과 이런저런 생각은 기우였다. 오로지 책과 논문을 많이 쓰고 온 열정을 쏟아서 학생들을 가르친 성과였다. 며칠 뒤에야 드디어 꿈이 현실이 되었다는 것을 실감했다. 집안의 가구 중 절반도 더 차지하고 있던 책장과 책장 속의 책들이 그의 연구실로 입성하게 되었다. 그동안 많은 공부로 머릿속에 넘치도록 쌓아놓은 알곡들을 마음껏 풀어놓을 집이 생겼다.

트럭에 가득 실려 나가는 책장과 책들에게 고맙고 미안한 마음이 들었다. 힘이 들 때마다 나의 곱지 않은 시선을 말없이 받아준 애증의 물건들이다. 늦은 밤까지 둘이서 직접 책장의 책을 정리하고 벽엔 액자도 걸면서 연구실을 예쁘게 꾸몄다. 모든 역경을 이겨내며 한 걸음 한 걸음 끝까지 완주한 민달팽이가 가장 사랑스럽고 자랑스러운 순간이었다.

너무 늦게 만났기에 비록 오래 머물 수 있는 집은 아니었지만 얼마나 간절한 기다림이었던가. 허기진 삶을 채우기 위해 이 대학 저 대학 가리지 않고 묵묵히 다니던 안쓰러운 시간강사의 모습이 파노라마처럼 스쳐갔다. 오랫동안 가슴 위에 얹힌 바윗덩어리가 떨어져 나간 듯 마음은 새털처럼 가벼워졌고, 끝이 보이지 않게 긴 터널 속 같은 어둠이 서서히 걷히는 소리가 들렸다.

배워야 된다는 열망으로 첫 딸아이 태어나던 해 그는 야간 대학생이 되었다. 가장이면서 대학생인 그는 직장까지 다니느라 무거운 짐을 졌지만, 항상 성실하고 긍정적인 사고를 지닌 사람이다. 결혼 후 몇 해 안 되어 대학 졸업도 마치기 전 제법 괜찮은 직장을 그만두어야 했고 힘든 시간이 흘렀다.

요즈음 그는 배우고자 열의가 있는 학생들에게는, 열정적으로 본인의 지식을 다 풀어서 내어주고 진심을 다해 가르쳤다. 그 진심과 성실함을 잘 알고 있는 많은 학생들이 그를 따랐으며, 서로 앞 다투며 논문 지도를 받고자 한다.

아직도 학생들을 위해서라면 많은 지식과 열정이 남아 있지만, 잠시나마 꿈같은 행복을 안겨준 집을 비워줄 시간이 얼마 남지 않았다.

그동안 지친 몸을 쉬어도 좋으련만 이젠 공부하는 것이 취미가 되어버렸다는 남편은, 또 다른 집을 만들기 위해 느리지만 강한 집념으로 오늘도 촉수를 세우고 그의 길을 가고 있다.

면접 1

그 남자를 처음 볼 때도 그랬다. 그 남자의 집안 내력과 다니고 있는 직장 정도는 충분히 알고 만났다. 모르는 사람을 처음 볼 때 그 사람에게서 풍기는 첫인상이 중요하다는 것쯤은 알고 있었다. 호리호리한 몸매에 키는 170cm를 갓 넘어 보이는 체구였다. 보는 순간 미안했지만 내 이상형은 아니었다. 약간의 구레나룻과 뽀얀 피부와 통통한 모습을 지닌 사람을 좋아하는 내 마음속에서는 이미 그 남자에게 가위표를 했다.

딱히 외모를 본 것은 아니었지만, 그렇게 호리호리한 체구를 지닌 사람인 줄 알았다면 애당초 만나지도 않았을 것이다. 대화를 하기도 전에 마음에 들지 않아서 처음부터 그 남자에게 잘 보이려는 마음은 전혀 없었다. 지금 시대로 본다면 두상과 얼굴이 작고 날씬해서 인기 좋은 아이돌 모습이었다.

며칠 전 내 생애 처음으로 면접을 보았다. 지금까지 살면서 직장이라고는 친구네 꽃집에서 7년 정도 일을 한 적은 있었지만 이렇게 면접까지 본 일은 처음이었다. 시청에서 관여하는 시니어 일자리 모집이라 하였다. 시니어 일자리는 십여 년 전부터 여러 분야로 나누어서 하고 있었지만, 지금 모집하는 일자리는 새로운 분야의 사업이라 했다.

60세 이상 대부분 퇴직자들을 상대로 교육을 시켜서, 독거노인들을 찾아가 치매나 우울증 등 예방법을 알려주고 위로해 주는 일들을 한다고 했다. 예전에 하고 있는 시니어 일보다 한 단계 업그레이 된 일이었다. 그러기에 간호사, 요양보호사, 사회복지사, 운전할 수 있는 사람을 우대한다고 했다. 나는 직장에 다니지 않았기에 퇴직자도 아니었지만, 지인의 권유가 있었고 흥미로울 것 같아 지원했다.

면접 하루 전날 한 시간 정도 교육까지 받아야 했다. 강사의 말에 의하면 34명 모집에 152명이 서류 접수를 했고, 공무원과 교사 퇴직자들이 절반이 넘는다 했다. 교육받아 보고 본인과 맞지 않은 일이라 생각 들면 내일 면접을 오지 않아도 된다고 말했다. 그리고 혹시 채용되지 않더라도 '내가 왕년에 어떤 사람이었는데'라고 하며 섭섭해하지 말라고까지 했다. 운전면허밖에 없는 나는 꽤 어렵겠다는 생각을 했다.

그 남자와 나는 너무나 잘 알고 있는 지인들의 소개로 만났기에, 별로 맘에 들지는 않았지만 예의상 점심 식사도 하고 공원에 산책까지 했다. 공원 가는 길에 그 남자는 맥주 한 병과 음료수 한 병을 샀다. 음료수는 나에게 건넸고 맥주는 본인이 마셨다. 서로 면접이나 다름없는 첫 만남에서 맥주를 마신다는 것은 술을 꽤나 즐긴다는 것쯤을 그때 알았어야 했다.

그 당시 공무원으로 사회생활을 하는 그 남자와 집안 살림만 하느라 혼기가 다 되도록 기차 한번 타보지 못한 나와는 생각하는 것과 말하는 차원이 달랐다. 스물다섯 살의 그 남자는 젊다 못해 어린 나이인데 참 아는 것도 많다는 생각을 했다.

공원에서 내려와 헤어지기 전 읍내의 다방에 들렀다. 정식으로 마주 앉아 보는 모습은 아까 볼 때와는 살짝 달라 보였다. 다방 안의 조명 때문인지 공원에서 마신 맥주 한 병의 위력인지, 그 남자의 얇은 눈 가장자리가 불그스레해 보이면서 귀여운 우리 조카와 닮았다는 생각이 들었다.

그 남자는 다음에 만나려면 어떻게 해야 되냐고 물었다. 시골이라 전화가 이장집에 한 대밖에 없어서 통화하기는 어렵다고 했더니, 편지를 하겠다고 했지만 난 극구 안 된다고 말했다. 그 시절 시골에서는 남자한테서 편지 오는 것이 소문이라도 나면 혼삿길 막힌다고 딸을 가진 부모님 들은 싫어했기 때문이다.

어제 설명회 듣고 오늘은 면접이 있는 날, 시간보다 조금 일찍 사무실로 갔다. 남자 한 사람과 여자 두 사람이 면접관으로 앉아 있고 2미터 정도 떨어진 곳에 번호대로 다섯 명씩 면접 볼 사람들이 앉았다. 남자 면접관이 말했다. 시간 관계상 공통적인 질문으로 본인을 어필할 수 있는 이야기를 2분 정도만 하라고 했다. 면접을 보아야 하는 다섯 명 중에 남자가 한 명 있었고 네 명이 여자였다.

첫 번째 여자는 간호사 생활 삼십 년 퇴직에 요양보호사 자격증까지 있다고 했다. 묻지도 않았는데 아들 며느리가 외국으로 왔다 갔다 하며 사업을 한다는 얘기며, 시켜만 준다면 일을 잘하겠다고 하면서 말소리가 심하게 떨렸다.

두 번째 면접을 봐야 할 사람은 남자였다. 그 남자는 산림청 공무원 퇴직하고 그냥 있다고 말했다. 더 할 말 없냐는 물음에 무슨 할 말이 더 있겠냐고 딱 잘라 말했다. 아직도 어깨에 힘이 들어 있는 듯한 그 남자는 내가 면접관이라면 아마 뽑지 않았을 것이다.

다음이 세 번째 내 차례였다. 운전면허밖에 없는 나를 어필할 수 있는 것이 무엇일까? 무식하면 용감하다고 했던가, 조건에서 너무 밀렸기에 기대하지도 않아서 그런지 담담하게 말했다. "자격증이라고는 운전면허밖에 없지만 나를 겪어본 사람들은 참 재미있고 마음을 편하게 해 준다는 말을 많이 한다."라고 말했고 특히 주변에 연세 많은 어르신들은 음식을 해서 잘 나누어 드리고, 이야기를 잘 들어주어서 좋아한다는 말도 했다. 그리고 취미로 글을 쓰는 사람이라서 상대방의 마음을 잘 헤아릴 줄 안다고 가장 인간적인 말로 어필했다.

네 번째 다섯 번째 여자는 둘이 친구였다. 농협에 삼십 년씩 근무했고 사회 복지사와 요양보호사 자격증이 다 있다고 했다. 다섯 사람 면접이 끝나고 면접관이 말했다. 혹시 꼭 하고 싶은 말이 있는데 하지 못한 사람은 해 보라고 했다.

아무도 손을 들지 않았고 나만 조용히 손을 들고 말했다. "어르신들을 돌보는 일이라서 병으로 많이 아픈 사람은 전문적인 의사가 돌봐야 하겠지만 마음이 우울하고 외로운 어르신은, 여기에서 교육받은 대로 하면 되니까 우대하는 자격증은 없어도 그분들 마음을 위로하고 달래주는 일은 충분히 할 수 있겠다."라고 말했다. 제대로 된 자격증도 없이 그렇게 말하는 내가 면접관 입장에서는 억지스러웠을까?

편지조차 할 수 없었던 그 남자와 나는 한 달 가까이 연락이 없었다. 답답해 보였는지 우리를 소개해 준 이들이 또 나섰다. 나와 그 남자에겐 전혀 모르게 하고 그 남자에게는 내가 만나자고 한다고 말했고, 나에게는 그 남자가 만나자고 한다 했다. 다방에 시간까지 정해서 만나게 하고 둘은 자리를 피했다.

선 이라고는 처음이자 마지막으로 본 그 남자의 첫인상이 맘에 들진 않았지만, 여고 동창생이었던 두 사람이 단단히 묶였기에 그 남자의 여동생은 내 시누이가 되고 내 여동생은 그 남자의 처제가 되었다.

면접 후 사무실을 나오며 첫 번째 여자가 나에게 말을 했다. 자기는 집에서부터 떨려서 힘들었는데 어쩌면 떨지도 않고 차분하고 조리 있게 말을 잘하냐고, 면접을 많이 본 사람처럼 보인다고 너스레를 떨었다. 글쎄, 글 쓰는 공부를 해서 그랬을까? 돌아오는 길에 혼잣말로 중얼거렸다. “자격증도 중요하지만 노인들 돌보는 것은 진심에서 우러나는 인성이 더 중요할 텐데, 나를 채용하지 않으면 그 면접관들이 사람을 잘 못 본 것”이라고.

마스크 대란

풋풋함과 설렘을 가득 안고 찾아오는 첫 번째 계절, 온갖 꽃과 나물들이 '와우'하고 탄성을 지르며 돋아나는 봄날이다. 곳곳이 온통 꽃물결로 출렁거려 어디든 떠나야만 될 것 같은 날, 보이지 않는 코로나19라는 바이러스 때문에 전 세계가 움츠리고 있다.

예방의 첫째 방법이 손 씻기와 마스크 착용이었다. 각 방송사에서는 마스크 구매하기 위해서 한 시간 이상 줄을 서야 한다며, 약국 앞에 줄 서서 기다리는 사람들의 모습을 연일 보도했다. 그러고도 마스크가 매진되어 살 수 없다는 둥 마스크 사용법도 어떤 방법은 옳고 어떤 방법은 잘못되었다는 얘기를 수도 없이 반복했다. 아직까지 한 번도 경험하지 않은 생소한 일들이다.

지난가을 다른 용도로 쓰기 위해서 남편은 마스크 20개들이 한 상자를 샀다. 나는 너무 많아서 평생 쓰고도 남겠다고 말했다. 그런데 쓰고자 했던 용도에 맞지 않아 그대로 남아있는 상태였고, 코로나19에 마스크가 필요하다는 말이 막 나오기 시작할 때 작은딸이 15개를 또 사 왔다. 그 이후, 얼마간의 시간이 지나면 곧 끝나겠지 싶어 우린 마스크 사는 것에는 신경을 쓰지 않았다.

정부에서는 결국 마스크 조달 능력이 한계에 이르자, 요일별로 주민번호 끝자리에 맞춰서 살 수 있는 마스크 5부제를 실시한다는 말이 나왔다. 우리 세 식구는 월, 목, 금요일이 마스크를 구매할 수 있는 날이었지만, 예전에 구매한 것을 사용하기로 하고 다른 사람이 더 살 수 있도록 양보하기로 했다.

그러나 해결해야 할 문제는 다른 곳에 있었다. 튀르키예에 살고 있는 큰 딸네 가족들이었다. 처음 중국과 우리나라에서 한참 확산되고 있을 때, 튀르키예는 아직 청정지역이라고 우리의 건강을 걱정했다. 그 이후 그곳에는 확진자가 없는 상태인데도, 중국과 한국에서 가는 비행기를 입국할 수 없도록 차단시켰다. 그러나 유럽에서 너무 많은 환자들이 나오는 바람에 튀르키예인들 안전할 수가 있었겠는가. 전 세계로 이렇게 빠른 속도로 확산될 줄은 미처 생각지도 못했다.

우리나라에서는 감기 기운이 있거나, 황사, 미세먼지

같은 물질 때문에 평소에도 마스크 쓴 사람들을 흔히 볼 수 있다. 하지만 유럽 쪽에서는 말기 암이나 중병을 앓는 사람들만 쓴다고 했다. 튀르키예에서도 마스크 사용하는 사람들이 없기에 파는 곳이 별로 없어서 마스크 자체를 사기가 어렵다고 했다.

철저한 관리를 했는데도 코로나 확진자가 나왔다는 뉴스를 하자마자 튀르키예 사람들이 마스크나 생필품을 사재기하는 바람에 딸은 마스크 구하기가 쉽지 않다고 했다. 우리가 사서 보내야 할 형편이 되었다. 여기서도 물론 쉽지는 않다.

아무리 마스크 구하기가 어렵다 한들 남의 주민번호 도용해서 사 가는 뻔뻔한 사기꾼도 있었다. 심지어 초반에 마스크를 사재기했다가 감당 못해서 중고 사이트에 판매한다는 사람도 있었고, 계란과 마스크를 물물교환하자는 사람까지 매스컴에서는 마스크에 대한 이야기는 끝도 없이 나왔다.

"어허 참, 어허 참, 무슨 이런 일이 다 있어? 참 별 세상을 다 살아보네." 마스크를 사기 위해 줄을 서 있는 장면을 볼 때마다 남편은 혀를 차며, 본인이 선견지명이 있어서 미리 한 상자를 샀다며 줄 서지 않아도 된다고 은근히 우쭐댔다. 우린 꼭 필요할 때만 사용했으므로 아직도 마스크가 꽤 남아 있었지만, 멀리 있는 딸에게 보내야 했기에 결국 요일별로 약국에 가야 했다.

지금까지 어떤 것을 구매하기 위해서 전 가족이 긴장 상태로 신경을 곤두서 본 일은 없었다. 지난 토요일 주중에 구입하지 못한 사람이 살 수 있는 날이라서 딸아이가 사러 갔다. 그야말로 40여 분 줄을 서서 기다린 끝에 마스크 두 장을 획득했다. 딸아이 기다리는 동안 나는 여기저기 약국을 다녀 봤다. 어느 약국은 아직 입고가 안됐다는데도 사람들은 줄을 서서 기다리고 있었다. 그야말로 마스크 대란이었다. 우리 집 주변에는 크고 작은 아파트가 많아서인지, 아니면 약국 숫자가 적어서인지 유난히 약국마다 긴 줄이 서 있었다.

처음엔 모르고 줄을 서서 기다렸지만, 이제는 휴대폰만 열면 주변 약국에 마스크의 유무를 바로 알 수가 있다. 그런데 항상 우리 집 주변 약국은 금방 팔려서 재고도 없고, 입고 시간도 정해지지 않아 수시로 휴대폰 검색을 해야 했다. 그리고 입고 시간에 맞춰서 하던 일도 멈추고 달려가야만 했다. 그런 일이 못마땅한 남편은 여기저기 검색 결과, 집에서 약간 떨어져 있는 읍 단위 약국에는 재고가 남아있다는 것을 알아냈다.

살고 있는 지역이 달라서 팔지 않을까 봐, 반신반의하며 승용차로 5분여 거리에 있는 읍내 약국으로 갔다. 아니나 다를까, 줄을 서지 않고도 바로 살 수 있었다. 기다리지 않고 마스크 두 장 획득한 것이 대단히 어려운 일을 해결 지은 것처럼 뿌듯했다. 요즈음 각 요일별로 잊지 않고, 마스크 두 장씩 구하는 것이 식구들의 우선순위가 되었다.

고가의 몸값은 아니지만 지금 가장 중요한 역할을 하고 있는 마스크, 언제쯤 이 대란에서 벗어날지 안타까울 뿐이다.

천사님들

시어머니가 계시는 호스피스 병원 414호 병실에는, 팔순 중반에서 구순에 가까운 할머니 네 분이 계신다. 안쓰러울 만큼 바싹 마른 몸과 똑같은 모양으로 자른, 검은색이라곤 찾아볼 수 없는 흰 머리카락만 있는 할머니들. 윤기 없이 푸석한 마른 나뭇잎처럼 갈 때마다 거의 주무시고 계신다.

정상적으로 잠이 든 것은 아닐 테고 약물에 의해서인지 숨소리조차 내지 않고 고요하다. 더구나 할머니 한 분은 빨간색으로 '금식'이라고 쓴 커다란 글씨가 늘 투여하고 있는 주사약 옆에 같이 붙어있다. 위암으로 위 절제 수술을 해서 음식을 먹으면 절대 안 된다고 했다.

다행히도 요즘은 모든 것이 다 맛있다고 잘 드시는 어

머니를 위해서 색다른 음식을 자주 해갔다. 어머니만 드릴 수 없어서 항상 넉넉히 준비해 간 음식은 다른 환자나 간병사들, 그리고 간호사들까지도 함께 나눈다. 그럴 때마다 먹을 수 없는 그 할머니에게 냄새조차 풍기기가 정말 미안하다. 힘겨운 목소리로 본인은 괜찮다고 말하지만 얼마나 괴로울까.

말기 암이라서 더 이상 적극적인 치료가 어려워 여명이 얼마 남지 않았다고 판정된 사람들. 편안한 임종을 맞이하기 위해서 마지막으로 선택한 병원이다. 조금만 통증이 있다 싶으면 강도 높은 진통제를 쓰기에 전혀 아픈 고통을 모르고 있다.

지난 오월 초에 말기 요로 암 선고를 받은 어머니, 우리에게 그런 일이 오리라고는 꿈에도 생각지 못한 끔찍한 일이었다. 이 병원 저 병원 복잡한 검사와 절차를 거쳐 여기까지 왔다.

남편과 나는 오전에 시간이 나지 않아 항상 오후에 병문안을 갔다. 지난 며칠 전 그날은 마침 오전에 시간이 되어서 11시쯤 어머니가 드시고 싶다는 추어탕을 사가지고 갔다. 그런데 한 숟갈 뜨시더니 비위에 맞지 않다고 내려놓는 바람에 속이 상했다. 평상시 당신이 맛있었다고 정해준 그 집 추어탕을 사 오라고 해서 사다 드렸는데. 그동안 약 이십여 일 동안은 모든 음식이 다 맛있다고 잘 드셨는데 오늘부터 또 입맛이 떨어졌나 보다. 입원해 있는 동안 몇 차례를 온몸의 컨디션과 음식 맛이 좋았다 나빴다를 반복했다.

그런데 그 시간쯤 '봉사자'라는 로고가 박힌 분홍색 조끼를 입은 할머니와 할아버지 한 분이 들어왔다. 칠순도 훨씬 넘겨 보이는 그분들은 어머니 옆 침대에 식물인간처럼 아무 의식도 없는 할머니의 몸을 마사지하기 시작했다.

할아버지는 옆에서 이것저것 심부름했고 할머니는 적극적으로 환자의 손과 발등을 문지르며 마사지를 끝내고 그냥 가려고 했다. 처음 보는 광경이라 좋아 보여서 나와 남편은 얼른 그분들을 불렀다. 우리 어머니도 해주고 가시라고. 그분들 말씀은 여러 팀으로 나누어서 하기 때문에 어머니는 다른 사람이 와서 해 줄 거라고 했다.

십여 분쯤 지났을까? 아니나 다를까 다른 할머니와 할아버지 한 팀이 오셨다. 그 할머니는 능숙하게 위생장갑을 끼고 미끄럽게 손이 잘 나갈 수 있게 어머니의 팔과 다리에 크림을 발랐다. 팔다리는 물론이고 등도 두드리고 목덜미도 문지르고 온몸을 정말 시원스럽게 마사지했다. 보호자가 보는 앞에서 환자를 돌보니 그분들도 마음이 한결 좋은가 보다.

할머니는 콧노래까지 불러가며 정성을 다했고 할아버지는 주머니에서 하모니카를 꺼내더니, 맨 처음 〈아리랑〉을 시작해서 〈오빠 생각〉, 〈과수원 길〉, 〈고향의 봄〉으로 끝을 냈다. 마지막 가는 환자들의 마음에 평온을 주기 위해서 다닌다고 했다. 그분들은 매일 오다시피 했는데 어머니만 보호자가 없어서 자식들이 아무도 없는 환자인 줄 알고 꽤 안쓰러워 보였다고 했다. 이게 웬 청천벽력 같은 소리인가. 우린 거의 매일 갔는데 그분들과 시간이 맞지 않아서 못 만났을 뿐이다.

착하게 살고 좋은 일을 하는 사람을 우리는 쉽게 천사 같다고 말한다. 각박하고 살기 힘들다고 말하지만, 우리 주변에는 참다운 천사들도 많다. 어려운 이웃에게 힘이 되어 달라고 몇 해째 어느 동사무소에 수천만 원씩 놓고 가는 얼굴 없는 천사도 있고, 노숙자들을 찾아가서 위로하는 거리의 천사들도 있다. 가족이나 친구, 지인들에게 항상 베풀고 양보하며 배려하는 내 친구도 있다. 평범한 일 같지만 아무나 할 수 없는 일을 하는 친구를 나는 천사라 한다.

그날 병원에서 본 할머니 할아버지들도 머지않아 자신들도 누군가의 요양을 받아야 할 나이었지만, 누구에게 보여주기 위한 것도 아니고 아무런 대가 없이 행복하고 즐거운 마음으로 봉사하고 다녔다. 우린 최선을 다해서 어머니를 돌본다는 당당함에 자부심을 가졌는데, 자식들이 없는 줄 알고 안쓰러워 보였다는 말에 슬쩍 화가 났던 마음이 부끄러웠다. 자식으로서 부모를 정성을 다해 돌본다는 것은 당연한 일이었다.

마지막으로 애잔하게 불어주던 〈고향의 봄〉 '그 속에서 놀던 때가 그립습니다.' 노랫말이 입안에서 자꾸 맴돈다. 극구 사양으로 음료수 두 개밖에 건네지 못한 그분들은 날개는 없지만 하늘에서 보내준 천사님들이었다.

예지 몽(豫知 夢)

꿈이란 참 신기하고 흥미로울 때가 있다. 과학적으로야 믿기 어렵지만, 현실에서 일어날 어떤 일을 꿈으로 미리 볼 수 있게 한다. 누군가를 통해서 수면 속에 나타나 무의식적으로 비치지만 묘하게 실제와 맞아떨어질 때가 있다. 나는 가끔 딱 들어맞는 꿈을 잘 꾼다.

몇 년 전 남편과 함께 튀르키예에 살고 있는 큰 딸네 집에 있을 때였다. 사람들이 붐비는 어느 시장길에서 어떤 남자가 친정 조카의 뒷주머니에서 지갑을 슬쩍 꺼내는 꿈을 꾸었다. 이역만리 먼 곳, 남의 나라까지 와서 무슨 이런 꿈을 꾸었지? 한국에 있는 작은딸에게만 꿈 얘기하며 조심하라 전화하고 그냥 잊고 있었다.

그날 오후 우린 큰 딸네 집 근처에 있는 대형 백화점

식으로 된 아웃렛에 들렀다. 젊은 사람들이 워낙 많은 튀르키예는 아직도 보통 서너 명씩 아이를 낳는다고 했다. 시장이나 백화점 곳곳에서 아이를 태운 유모차를 흔히 볼 수가 있다. 그날 아웃렛 매장도 유난히 아이들과 젊은 사람들이 북적거렸다. 우리도 몇 가지의 옷을 사서 계산대 앞에 줄을 섰다. 동양인은 우리밖에 없었다.

그런데 갑자기 잘생긴 젊은 남자가 다가와서, 우리에게 어디에서 왔냐고 영어로 말을 걸어왔다. 한국에서 왔다는 말을 듣고 그 남자는 화들짝 놀라며 반가워했다. 본인이 2년 전에 회사 일로 부산에서 몇 달간 살았다고 했다. 한국은 서울이 수도이고 김치가 맛이 있다는 등, 서울, 부산 김치라는 한국말 몇 마디에 외국에서 한국말을 하는 사람을 만나니 정말 반갑고 호감이 갔다. 그 사람은 두바이에서 왔다고 했다. 남편은 부자 나라에서 왔다고 치켜세우며 한참 동안 대화를 나눴다.

그러자 그 남자는 본인의 부인과 딸도 같이 왔다며 옆에 서 있는 부인을 소개했다. 부자 나라에서 온 부잣집 마나님답게 화려한 화장에 머리부터 발끝까지 온통 액세서리로 휘감았다. 딸은 열 살이라 했다. 오랫동안 알고 지낸 친구처럼 대화가 오고 가더니 갑자기 본인 마누라와 나랑 같이 사진을 찍었으면 좋겠다고 말했다. 아무런 치장을 하지 않고 간 나는 화려한 그 여자에 비하니 좀 내키지는 않았지만 그냥 허락했다.

사진까지 찍었고 영어로 통하지 않는 말은 손짓발짓해 가며 그들과 우린 굉장히 가까워지고 있었다. 그러다가 갑자기 그 남자가 말했다. 부인이 예전부터 한국돈 만 원짜리를 보고 싶어 한다며, 보여줄 수 있냐고 물었다. 만 원이라는 말도 한국말로 했다. 그때까지만 해도 순진한 우리는 보여줄까 생각하다가 사람들은 북적거리고 귀찮아서 없다고 해버렸다.

그러자 50달러짜리 지폐를 꺼내든 그 남자는 우리에게 가까이 밀착하며 그냥 우리돈 만 원짜리와 바꾸자고 했다. 너무 적극적이어서 잠시 혼돈이 왔다. 바꿀까? 만원과 50달러짜리와 바꾸면 내가 손해 볼일은 없는데, 마누라를 위해서 저렇게까지 하는데 …….

하지만 양심상 차마 그럴 수가 없었다. 그 사람 심정은 이해가 되었지만, 그냥 보여 달라고 할 때는 없다고 했는데 지금은 속 보이는 것 같아 끝까지 없다고 했다. 우리를 밀착하며 자꾸 따라오던 그 사람들은 한참만에야 아쉽다는 듯 돌아섰다. 집에 오는 길에 남편과 똑같은 생각을 했다. 우리가 너무 야속하게 한 것 같아 정말 미안했고, 귀찮아도 보여 줄 걸 그랬다고.

퇴근해서 집에 온 딸에게 낮에 있었던 이야기를 신나게 했다. 딸은 큰일 날 뻔했다며 깜짝 놀랐다. 돈을 바꿔주는 것이 문제가 아니라 돈 꺼내려고 핸드백 열며 방심하는 순간, 바로 날치기해서 도망가는 날치기꾼들이라 했다. 밖에 차를 대기시켜 놓고 안에서 우왕좌왕하는 사이에 쏜살같이 도망친다는 것이다. 외국인들 핸드백에는 대부분 여권을 가지고 다니기에 그걸 날치기해서 다른 곳에 큰돈을 받고 판다고 했다.

"아니 그럼 그렇게 나쁜 일을 하면서 어쩌면 어린 딸까지 데리고 다니냐?"라고 했더니 딸의 대답이 기가 막혔다. 그 사람들은 실제 부부도 아니고 딸도 아니라고 했다. 엄마 아빠처럼 순진한 사람들은 어린 딸을 데리고 다녀야 믿음과 동정심이 더 가기 때문에 그렇게 조를 짜서 다닌다고 했다. 그리고 동양인들 상대로 하는 날치기꾼들은 한국어, 중국어, 일본어는 기본으로 몇 마디씩 할 줄 안다고 했다.

그 무렵 외국인 상대로 그런 날치기 수법이 자주 일어나고 있어서, 한국대사관에서는 꽤나 신경을 썼고 여행온 한국인들에게 조심하라는 메시지를 수시로 보낸다고 했다. 그럼 우리에게 왜 그런 얘기를 하지 않았느냐고 물었더니, 설마 엄마 아빠가 그런 일을 당하리라고는 꿈에도 생각을 못했다고 했다.

설마가 사람 잡는다고 했던가. 전날 밤 조카가 소매치기당한 꿈은 나에게 주의하라는 예지를 했건만 전혀 몰랐다. 큰일을 당하지 않아서 다행이었지만 지금도 간간이 뭔가 미리 예지해주는 꿈을 꾼다.

대부분 맞지 않는 꿈을 꿀 때가 많지만, 어느 때는 꿈과 실제가 너무 맞아서 놀랍다. 그렇지만 무지한 나는 미리 알아차리지는 못한다. 믿을 수 있는 말인지는 몰라도 영혼이 맑은 사람이 예지몽을 잘 꾼다는 말을 들은 기억이 있다.

새가 되고 싶어

지난여름 베란다 방충망에 매미 한 마리가 날아와 앉았다. 쫓을까? 그냥 둘까? 망설이다 방충망 바깥쪽에 있으니 피해는 주지 않을 것 같아서 그냥 두었다. 매미의 존재를 잠시 잊고 있을 무렵 오후 서너 시쯤 갑자기 매미 우는 소리가 들렸다. 너무나 적막하고 나른하던 참에 경쾌한 음악을 듣는 듯 그 울음소리는 반갑고 신선함을 주었다. 어린 시절 마을 어귀 팽나무 밑에서 듣던 소리처럼, 잠시나마 그립고 소중했던 추억을 선사했다.

한참 동안 더위도 잊은 채 좋았지만 계속 듣고 있자니 점점 소음으로 들렸다. 베란다로 나가서 인기척을 하는데도 여전히 울어댔다. 잡을 수도 있었지만 어디론가 날아가길 바라며, 방충망을 손으로 툭툭 건드렸다. 그러자 울음은 그쳤지만 쉽게 날아가질 않아, 여러 차례 실랑이 끝에 멀리 날려 보냈다.

잊고 있었다. 그런데 어제 그 시간쯤 또 올 줄이야, 어제 온 매미인지 아닌지는 몰라도 어서 와서 반겨 달라는 듯 또 그 자리에서 목청껏 울어댔다. 아파트 주변에 크고 예쁜 나무들도 많은데, 어찌하여 13층까지 올라와 멋없는 방충망에 붙어서 울고 있을까? 문득 신기하다 못해 심한 의문이 들어 쫓아버리지 못하고 그만두어야 했다.

갓 스무 살 되던 해 이월 초, 꿈 많던 내 앞길이 여지없이 막히던 그날은 옷깃으로 파고드는 바람마저 쌀쌀했다. 내 생의 전부였던 어머니가 중풍으로 쓰러져 반신불수 되던 날, 처음으로 깊은 슬픔을 알게 되었다. 하늘에서 맘대로 날던 연이 갑자기 실이 끊어져 갈팡질팡 허공에서 맴돌듯 어딘가에 마음 붙일 곳이 없었다. 어머니는 머리끝에서 발끝까지 오른쪽이 마비되어 움직일 수 없었다. 우리 가족에게는 하늘이 무너지고 땅이 꺼지는 일이 되었다.

위로 오빠가 셋 있었지만 결혼해서 각자 살림을 꾸렸고, 육 남매 중 부모님 사랑을 가장 많이 받고 자란 나는 내가 최고인 줄 알고 살았다. 그 나이 되도록 밥은커녕 청소도 제대로 하지 않았던 나와 아버지가 살림을 도맡아야 했다. 딱히 내세울 것도 없었지만 온 세상 일이 내 맘대로 될 듯 자신감 넘쳤던, 내 스무 살 인생의 행복은 끝이 났고 순탄치 않은 가시밭길이 시작되었다.

입원 후 사흘 만에 병원에서는 더 이상 치료할 수 없다고 퇴원시키는 바람에, 아버지는 전국의 용하다는 한의원을 다 찾아다녔다. 한의사를 한 달씩 집에 모시며 침과 뜸을 떴고 중풍에 좋다는 한약과 담방 약을 무수히도 달여 냈다. 어떻게든 어머니를 일어서게 하려고 급하고 안타까운 마음에 점집도 수없이 찾았다.

어느 무당은 어머니가 전생에 옥황상제의 딸이었는데, 실수로 항아리를 금이 가게 만들어서 이 세상으로 쫓겨났다 했다. 그 벌로 몸에 금이 가서 한쪽을 못 쓰게 됐으니 굿을 해야 나을 수 있다고 했다. 그럴듯했다. 또 어떤 무당은 아무나 함부로 만들어서는 안 되는 가사장삼(袈裟長衫)을 만들어서, 그 죄로 지벌(地罰, 신이나 부처에게 거슬리는 일을 저질러 당하는 벌)을 받았다고도 했다.

병이 열 개라면 약은 백 개가 있다고 했던가, 교회 전도사였던 옆집 지인은 앉은뱅이와 중풍 환자를 낫게 한 예수님을 믿어야 된다고 했다. 교회에 전혀 관심도 없었지만 지푸라기라도 잡고 싶은 심정에 전도사가 찾아오면 기도를 했고, 무당이 굿해야 된다면 굿도 하며 중풍에 좋다 하는 것은 가릴 것 없이 다했다.

무남독녀였던 어머니는 초등학교는 다니지 못했어도, 부모의 제사 때 지방(紙榜)은 쓸 줄 알아야 한다고 한글과 한문을 배워서 글을 잘 알고 계셨다. 남녀가 함께 있으면 안 된다는 외할아버지의 뜻으로 서당 훈장님에게 개인적으로 수업을 받았다고 하였다. 글을 잘 아는 어머니는 결혼 후 동네 문맹인 아낙들을 모아서 한글을 가르치기도 했고, 군대 간 남편들에게 글 모르는 새댁들의 편지를 대신 써주는 일을 도맡아 했다.

그 시절 어머니는 팔방미인이었다. 물론 글도 잘 알았지만 수놓는 일, 음식 만드는 일, 심지어 유흥에도 소질이 있었던지 한 춤과 장구로 흥을 돋우는 곳에서도 빠지지 않았다. 겨울 농한기에 장구를 배우고자 하는 아낙들에게 장구 치는 것도 가르쳤다. 많은 음식을 해야 하는 잔칫집에서는 어머니가 두루두루 음식을 만들어서 과방 장을 했고, 혼기가 차서 시집가는 처녀들에게는 수를 놓아 베개와 한복을 만들고 버선까지 만들어 주었다. 동네 애경사에 어머니의 손길이 닿지 않는 곳이 없었다.

손재주가 너무 좋아도 탈이었다. 바느질 솜씨가 뛰어났던 어머니는 가까이 지내던 친구로부터 어려운 부탁을 받았다. 돌아가신 친구 남편의 49재 날에, 스님이 입고 재를 지내야 하는 가사장삼을 만들어 달라는 부탁을 받았다. 아무나 쉽게 만들 수 없는 옷이었지만 흔쾌히 허락했다.

나중에 알게 된 일이었지만 가사장삼은 함부로 만들어서는 안 되는 옷이라고 했다. 어머니의 병이 현대 의학으로야 근거 없는 얘기겠지만, 어느 무당의 말대로라면 가사장삼 만든 일이 화근이 될 줄은 전혀 생각을 못 했다.

무당들을 불러서 굿하고 한의사 불러서 치료하면 좋아

질 줄 알았는데, 몇 해가 흘러도 눈곱만큼의 차도가 없었다. 불행 중 다행으로 오른쪽 수족을 못 쓰는 일 외에 정신이 흐리다거나 다른 이상 증세는 없었다. 그러기에 유난히 어머니의 손길을 필요로 했던 마을 사람들이 더 안타까워했다.

그럴 때마다 어머니는 "제발 꿈에서라도 좋으니 신발 신고 한 번만 걸어 봤으면 소원이 없겠다."라고, "이러고 있을 바엔 이 세상 끝냈으면 좋겠다."라고 하루가 멀다 하고 눈물과 한숨을 토해냈다. 말로는 다 할 수 없는 가족들의 수고와 노력에도 도저히 일어설 기미가 보이지 않자, 당신의 병을 점점 인정하고 마음을 내려놓기 시작했다.

두 손으로 하기에도 어려운 일을 왼손 하나로 해냈다. 아버지가 입을 한복 저고리 동정도 달고, 바지도 크면 줄이고 추석 명절이면 송편도 만들었다. 바쁠 때면 채소도 다듬었고 방 청소 등 앉아서 할 수 있는 일은 다했다.

그리고 아픔을 잊기 위해서 시간이 날 때마다 평소에 좋아하던 그림을 그렸다. 이웃에서 원하는 사람들에게는 호랑이 그림을 그려줘서 본인들 집 안방 위에 수호신처럼 걸어 놨다. 새와 꽃을 생생하게 그려서 나에게 준 열 폭짜리 병풍 그림은, 일흔이 넘은 나이에 왼손 하나로 혼신의 힘을 다해서 그린 애틋하고 값진 유산이 되었다.

어머니의 추억은 너무도 젊은 나이, 쓰러지던 해 쉰여섯에서 멈췄다. 친구도 함께 어울릴 때가 친구지, 긴 세월을 병석에만 있으니 많았던 친구들과 지인들의 발걸음이 점차 뜸해졌다. 아프기 전 어머니 주변에는 얼마나 많은 사람들이 있었던가. 부잣집도 아니었지만 단골로 다니던 생선 장사나, 옷 장사들에게 늦은 저녁이면 으레 밥 먹여서 재워 보내야만 했다. 입담이 좋은 어머니는 그 시절 귀하게 본 영화나 책을 본 이야기도 실제처럼 재미있게 해서, 마을 사람들은 시도 때도 없이 찾아와 사랑방처럼 발길이 끊이질 않았다.

지나간 시절은 한 맺힌 그리움만 남길 뿐, 돌아갈 수 없어서 애틋하기만 하고 더 이상 추억할 일이 없어졌다. 점점 뜸해진 사람들의 발길이 너무 그리워서 마루에 앉아 지나가는 강아지라도 볼라치면, 대문 앞을 지나는 친구조차 고개를 돌려 외면하고 간다고 했다. 어쩔 수 없는 현실인 줄 알면서도 그런 날이면 어머니의 애끓는 한숨 소리는 더 깊어졌다.

아프기 전 어머니는 새를 좋아했다. 참새, 원앙, 잉꼬, 파랑새 등 어머니가 수놓아서 만든 베개와 그림 속에는 많은 새들이 자리를 차지하고 있었다. 친구조차 외면하고 가버린 날 은 마당 끝에 앉아 지저귀는 새들과 이야기를 했다. 죽어서라도 저세상에 가면 친구가 되어 달라고. 어서 이 고통에서 벗어나 한없이 훨훨 날아다니는 새가 되고 싶다고.

긴긴 세월 하얗게 사위어 정신마저 흐릿해진 팔순 되

던 해 여름, 누구도 대신 살아줄 수 없었던 창살 없는 감옥에서 해방되었다. 이승에서의 여정을 마치고 저승 가는 마지막 길을 해방된 자유의 몸이라 해도 될까? 25년이라는 긴 세월 동안 서지도 걷지도 못해 외롭고 힘들었던, 피맺힌 한을 흔적으로 남긴 채 우리 곁을 떠나셨다. 너무도 서러운 삶을 살아온 죽음 앞에, 억장이 무너져 통곡조차 할 수 없었다.

이제는 켜켜이 쌓인 이승에서의 한을 다 털어버리고, 천상에서는 부디 새가 되어 넓고 푸른 창공을 한없이 날아다니시라고 빌고 또 빌었다. 25년을 걷지 못해 한 맺힌 마음, 마지막 가는 길 걸어서 가시라고 하얀 고무신 한 켤레 넣어 드리지 못한 것이 지금도 가슴이 아리다.

어머니 떠나신 지 스무 해 하고도 다섯 해가 지났다. 새가 되고 싶다던 어머니는 매미가 되어 이틀째 찾아온 것 같아서 쫓을 수가 없었다. 새가 되어 왔더라면 더 좋았으련만.

애인이 생겼어요

'그대가 돌아서면 두 눈이 마주칠까~ 심장이 바운스! 바운스! 두근대 들릴까 봐 겁나!.' 몇 달 전 새로 바꾼 전화벨 소리가 요란하게 나를 부른다. 벨소리를 들을 때마다 덩달아 내 마음도 통통 튀듯 두근댄다. 경쾌한 음악에 기분이 좋다.

가까이 지내는 친척 여동생에게서 걸려온 전화였다. 우리 두 사람의 호흡은 항상 척척 잘 맞는 편이다. 그날도 실컷 좋고 싫은 자식들 이야기며 남편 이야기 등 수다를 떨었다. 그 여동생과 통화를 자주 하지는 않지만 가끔씩 통화할 때면 거의 한 시간 정도는 기본으로 했다.

그날 역시 한참 동안 수다 떨고 끝날 즈음 동생은 제법 진지한 어투로 "언니 저 요즘 애인이 생겼어요."라고 했다. 순간, 내가 아는 이 동생은 절대 불륜은 아닐 것이고 혹시 내가 잘못 들었나? 아니면 강아지라도 키운단 말인가? 단 몇 초의 순간에 이 생각 저 생각들이 복잡하게 머릿속을 흔들었다. 조심스럽게 물었다. "애인이 누군데?"

요즘 트로트가 대 유행이다. 내가 어렸던 옛날에는 유행가라고 했다. 한동안에는 그런 노래를 좋아하거나 잘 부르는 사람은 촌스럽다고까지 했다. 그러나 요즘 트로트는 당당한 분위기로 바뀌었다. 얼마 전 인기리에 방송되었던 트로트 경연대회는 해가 바뀌어도 대여섯 채널에서 재방송을 반복하고 있다. 트로트 예능이 각 방송사마다 홍수를 이루면서 물론 식상함을 느끼는 사람도 있겠지만, 방송에서는 여전히 흥행의 중심에 있다는 것을 알 수 있다.

여동생은 요즘 남자 경연에서 우승한 어느 한 가수의 노래에 푹 빠져서, 텔레비전이나 유튜브를 켜놓고 종일 그 사람 노래만 듣는다고 했다. 어느 때는 그 가수의 노래를 듣는 것이 남편에게 눈치가 보여 이어폰 끼고 몰래 듣는다고까지 했다.

나이 탓일까? 내가 아는 동생은 안정된 가정에서 현모양처로 어려움 없이 사남매나 되는 자식들을 누구나 부러워할 그럴듯한 사회인으로 키워냈고, 남편 역시 꽤 좋은 직장을 퇴직했다. 나이 들어 대부분의 사람들이 그렇듯이 성장한 자식들은 각자 생활하기에 바쁘고, 남편도 본인 마음을 헤아려 주지 않는 것 같아 너무 외롭다고 했다. 그러기에 그 가수의 노래에서 마음의 허전함을 달래며 위안을 받는 듯싶다.

그 가수를 좋아하는 것까지는 좋다. 그런데 나에게까지 그 가수 음원 사이트에 가입해서 노래를 들을 때마다 계속 '좋아요'를 누르라는 것이었다. 형부에게도 그렇게 해달라고 얘기하라고 했다. "알다시피 네 형부는 전혀 그렇게 할 사람이 아니야"라고 했더니, 그럼 형부 주무실 때 전화기 몰래 열어서 나보고 하라고까지 한다. 정말 기가 막히고 어이없는 일이었다.

수십 년 세월 동안 겪으며 가까이한 사람이기에, 내가 아는 동생은 절대 이렇게까지 할 사람이 아니다. 정말 모범적이고 예의 바르고 반듯하게 행동하는 사람인데, 그런 생각을 한다는 것이 나에게는 충격이었다. 그 가수를 정말 애인처럼 생각하나 보다.

동생이 좋아하는 가수를 내 친구도 좋아했다. 이 친구는 동생보다 더했다. 너무 좋아하다 보니 아침에 눈 뜨자마자 하루 종일 그 사람 노래만 듣는 것은 기본이고, 한 시간에 한 번씩 '좋아요' 이모티콘을 1분에 백 번씩 날려준다 했다. 그렇게 해줘야 그 사람이 연말에 어떤 시상식에서 1등을 한다고 했다. 그래서 그 친구는 낮에는 물론이고 밤에 잠을 자다가도 1시간에 한 번씩 깨어서 이모티콘 날려 보내는 일을 한다고 했다.

그러다 보니 갑자기 당 수치가 너무 올라가서 이제는 잠을 자기 전까지만 한다고 했다. 오죽하면 손주가 "할머니는 그 사람이 할아버지와 나보다 더 좋으세요?"라고까지 했다고 하며, 그 가수가 광고하는 화장품으로 모조리 바꿨고 통닭 피자 등 그 사람이 광고하는 것만 사 먹는다고 했다. 그리고 팬클럽에 가입해서 그 사람 노래에 나오는 어느 지역까지 답사하고 그 사람 이름과 로고가 새겨진 마스크와 손수건 등 그 사람에 관계되는 것 거의 다 구매하는 정도가 됐다. 진짜 팬이라면 이 정도는 해줘야 되지 않겠냐고 한다.

친구 역시 나에게 그 가수의 카페에 가입해서 응원하는 방법까지 알려주며 꼭 해달라고 신신당부했다. 그런 일은 내가 하지 않아도 그 가수는 일등 할 것이라고 했더니 사람들이 다 그렇게 생각하면 절대로 1등 못할 수가 있다는 것이다. 지금도 가끔 전화하거나 만날 때면 '좋아요' 이모티콘 잘 보내고 있는지 확인까지 한다.

그 가수를 나도 어느 누구보다 좋아한다. 내 개인적인 생각이겠지만 감히 반세기에 한 번쯤 나올까 말까 할 정도로, 가수로서는 가장 중요한 노래를 정말 잘한다. 노래를 좋아하다 보니 듬직하고 잘 생겨 보이기까지 한 그 가수에게 신뢰와 믿음까지 더 해지지만, 동생이나 친구처럼 그렇게 열정적으로는 하지 못하고 있다.

요즘 트로트 가수들은 중 장년층은 물론이고 젊은 세대

들의 감성까지 사로잡아, 만인의 연인으로 자리매김한 사람들이다. 그들의 노래를 들으며 우울증을 치유했다는 사람, 희망을 보고 행복을 느낀다는 사람, 자신의 아픔을 털어낼 수 있고 삶의 의욕을 찾았다는 사람들이 꽤 많이 있다.

세대를 초월한 새로운 문화로 등장한 트로트 열풍, 관심이 있는 사람은 즐기고 반대로 관심 없는 사람은 지겹게 느낄 수도 있겠다. 노래하는 그들도 본인들로 인해서 아픈 마음을 치유하고 열광하며, 애인으로 생각해 주는 사람들이 있어 힘이 날 것이다. 그들을 좋아하는 것을 생각해 보면, 결국은 본인 스스로가 행복해지기 위해서가 아닌가 싶다.

안탈리아를 추억하며

오년 전 구월이다. 하나, 둘 피기 시작한 코스모스가 바람에 한들한들 내 마음을 사로잡을 무렵, 튀르키예에 살고 있는 큰딸 네 집에 갔다. 손주를 봐주시던 친할머니께서 건강상 잠시 쉬게 되어, 석 달 동안 내 차지가 되었다. 막 첫돌이 지난 녀석은 질풍노도의 시기였다. 잠자는 시간 외에 잠시를 그냥 있지를 못한다. 그래도 조건 없이 예쁘기만 하다.

딸 내외는 주말이면 여기저기 좋은 곳을 찾아 여행을 가자했다. 11월 어느 날 지중해가 초 가을빛으로 곱게 물들 즈음, 3박 4일의 휴식을 위해 세계적인 휴양지로 손꼽히는 안탈리아로 날아갔다. 튀르키예는 우리나라 남한의 8배가 큰 나라이다. 워낙 땅덩이가 넓다 보니, 딸이 살고 있는 수도 앙카라에서 안탈리아까지는 비행기로 한 시간 남짓 걸렸다. 승용차로는 무려 6시간 정도 걸린다 했다.

바다, 태양, 바람 자연의 완벽한 조화를 이루고 있는 이곳은, 비가 많이 오지 않아 푸르른 지중해를 즐기며 휴양하기로는 정말 좋았다. 도시는 적당히 고풍스럽고 아름다워서 유럽 아닌 유럽처럼 느껴진다. 그래서 그런지 여행자들이 선호하는 튀르키예 내의 휴양도시 1위라 한다. 지중해를 끼고 있는 도시답게 우뚝 솟은 야자수들이 그 위용을 떨치며 큰 키를 자랑하듯 멋지게 솟아있다.

우리가 묵은 호텔은 바닷가 근처에 자리 잡은 몇 만 평의 거대한 땅에, 휴식하기에 알맞은 모든 여건들이 다 갖추어져 있었다. 각 모양별로 예쁘게 만들어진 야외 수영장이 다섯 개, 그리고 실내 수영장이 두 개나 있었다. 야외 수영장 주변에는 처음 본 대추야자나무가 심어져 있어 한껏 이국적인 분위기를 냈다. 곳곳에 줄지어 선 열대나무와 소나무 숲, 이름 모를 온갖 꽃과 나무들이 여러 나라 관광객들을 반기고 있다.

호텔도 객실이 워낙 많아서 어지간한 아파트 수준이다. 아침 점심 저녁 뷔페식으로 선보이는 메인 레스토랑이 있고, 별도로 호텔 주변에 맥주나 음료를 즐길 수 있는 코너와 스낵, 아이스크림 등을 맛볼 수 있는 다양한 코너가 있었다. 그리고 객실에 있는 미니바까지 여기에 머물러있는 동안은 모두 무료로 이용할 수 있어서 더욱 좋았다.

이곳에 휴양 오는 사람들 대부분은 추운 쪽에 살고 있는 러시아와 유럽인들이라 했다. 우리도 관광이 아닌, 말 그대로 휴식을 할 요량으로 갔다. 정해진 호텔에서 먹고, 자고, 수영하고, 짬짬이 바닷가를 산책했다. 그리고 피곤하다 싶으면 다시 숙소에 들어가 쉬면서 정신과 마음을, 특히 몸을 살찌우며 보내고 있었다.

사흘 동안 밖에 나갈 일 없이 여덟아홉 끼니를, 수십 가지 요리와 풍부한 과일들을 맛보고 즐기며 과식했으니 살이 찔 수밖에 없었다. 매 식사시간마다 만나는 사람 중에 동양인은 나와 딸 그리고 손주 세 사람뿐이었다. 덕분에 손주 녀석은 많은 손님들과 호텔 직원들 사이에서 인기맨이 되어, 여기저기 사진 찍자는 사람들 속에 꽤 유명세를 치렀다.

눈이 부시게 강한 햇빛을 되받아 반사시키는 지중해, 반짝거리는 물결에 제대로 눈을 뜰 수조차 없다. 깊이를 알 수 없이 훤히 보이는 파란 물속이 내 마음속까지 청량하게 만든다. 시원한 바람과 깨끗함이 느껴지는 공기, 파랗다 못해 검푸른 하늘빛, 우리나라에서 전혀 느낄 수 없는 환경이다.

상큼한 지중해의 냄새와 보이지 않는 신선한 바람까지 모두 담아, 희뿌연 한 미세먼지 속에서 살아가고 있는 주변 사람들에게 한 아름씩 안겨 주고 싶은 마음이다.

11월 중순경 그곳의 기후는 우리나라 초가을쯤이었다. 약간은 철이 지나 썰렁한 느낌마저 들었지만, 몇몇 사람들은 바다 수영을 즐겼다. 나보다 더 더위를 타는 사람들인가 보다. 유럽에서 온 듯한 뚱뚱한 사람들, 지나버린 세월 탓에 피부의 탄력을 잃은 쭈글쭈글한 사람들이 제법 눈에 띈다. 외모에 상관없이 남의 눈 의식하지 않고 비키니 차림으로 강렬한 햇빛과 시원한 바닷물을 즐긴다. 소심한 나는 그런 용기가 부러웠다.

또한, 손을 꼭 잡고 해 질 녘 바닷가를 거닐던 머리가 허연 노부부의 모습에서는, 앞만 보며 바쁘게 살아온 허무한 내 세월도 말없이 스쳐갔다. 곱슬거리던 그들의 머리카락이 여유로움과 함께 석양에 은빛으로 빛났다.

이곳 안탈리아는 십여 년 전 가장 친했던 친구들 세 부부가 다녀왔던 곳이기도 하다. 그땐 젊었고 세상 두려울 것이 없었다. 오랜 세월 함께하며 그 젊음과 패기가 그대로 그 자리를 지키고 있을 것만 같았는데, 두 친구가 이미 곁에 없다. 바쁘다는 핑계로 잠시 잊고 지낸 친구들이 한순간 바람처럼 스친다. 준비 없이 너무 빨리 떠나버린 친구들, 문득 놓치고 잊어버린 그리운 얼굴들, 지워지지 않는 추억이 가슴 깊은 곳에 또렷이 자리하고 있다.

혹여 훗날 이곳에 다시 올 수 있다면 그때는 어떤 모습 어떤 마음으로 올 수 있을까? 즐거운 휴식을 마치고 돌아오는 길엔, 그리움과 아련함이 잊히지 않을 작은 여

운으로 남는다. 푸르디푸른 지중해의 물빛도, 수평선을 향해 달려가는 붉은 석양빛이 힘에 겨운 듯 짙은 쓸쓸함이 묻어났다.

새 친구들

"아줌마는 어디에서 온 누구세요?" 우습게도 제일 작은 꼬맹이가 깜짝 놀라며 물었다.

"아니야, 아줌마가 아니고 할머니 같은데?" 양손에 먹을 것을 잔뜩 들고 있던 다른 꼬맹이 친구가 한마디 거들었다. 못 들은 척 무시하고 풀 한 포기 또 뽑아 들자 꼬맹이 친구들이 혼비백산해 도망쳤다. 그들의 평화로움을 깨뜨린 것 같아 조금은 미안했지만, 그래도 이들과 함께 할 수 있게 되었다는 반가움이 앞섰다.

"난 이제부터 너희들을 친구 삼아 함께 살아갈 사람이야, 잘 지내보자." 내 말은 듣는 둥 마는 둥 조용하던 마을에 침입자가 나타나서 큰일 났다는 듯, 녀석들은 잽싼 걸음으로 순식간에 내 눈앞에서 사라져 버렸다. 참 빠르기도 하지, 집 마당 가 텃밭 풀 속에 숨어 살던 크고 작은 개미떼들이다.

뻐꾸기 낭랑하게 노래하던 지난해 윤사월 초이레, 처음 이 집 울안에 들어서던 날. 대문 옆 담벼락을 따라 길게 만들어진 화단에는, 구름 한 조각 없는 파란 하늘과 어우러져 제멋대로 흐드러진 개망초가 첫 번째 내 마음을 설레게 했다. 그리고 화단 한가운데 무리 지어 서 있는 고수 나물은, 안개꽃처럼 하얀 꽃물결을 출렁이며 온 마당 안을 진한 향기로 휘감았다.

켜켜이 돌을 쌓아 만든 뒤 담장은, 집의 묵은 세월을 말해주듯 듬성듬성 이끼로 덮여 푸근함을 안겨줬다. 흙 한 줌 없는 돌담 사이를 비집고 들어앉은 가녀린 애기똥풀이 작은 건드림에도 화들짝 놀라며 반겼고, 돌담을 발판 삼아 하늘을 향해 올라가던 나팔꽃잎도 빙긋이 웃으며 맞아주었다.

주인 없이 몇 달 동안 비워두었던 평상 마루에는 노란 송홧가루가 두껍게 내려앉아 있었다. 아! 윤사월과 송홧가루와 뻐꾸기……. 옛 시인의 시가 떠오르며 마치 산지기 집 눈먼 소녀가 된 것처럼, 코끝을 스치는 송홧가루에 내 마음은 두 번째 또 두근두근 설렜다. 분명히 쓸고 닦아내야 할 먼지였지만, 어쩐지 반갑고 아깝고 애틋해서 그냥 두고 함께 지내야 할 듯싶었다.

마을의 제일 위쪽에 있는 산 아랫집, 어슴푸레 물든 연

듯빛과 짙은 초록색 나무들이 어우러진 뒷산에는 밤나무가 꽃봉오리를 터트리느라 희끗희끗 잔 바람결에 살랑거렸다. 도심에서는 쉽게 들을 수 없는 뻐꾸기도 새로운 친구를 반기려는 듯 온종일 노래했다.

빨리 이룰 수 없어 십 수 년 전부터 가슴앓이하며 꿈만 꾸었던 시골살이를 할 수 있게 된 것이다. 웅장하고 화려한 현대식 건물이 아니면 어떠리. 고래 등같이 크고 멋진 기와집이 아니면 어떠리. 내가 좋아하는 오래되고 소박한 작은 한옥. 비록 낡고 초라해 보이는 집이었지만 처음 보는 순간, 이 집은 늦게나마 내 작은 꿈을 이루어줄 소중한 보금자리가 될 것이란 생각이 들었다.

이건 행운이었다. 오래전부터 그토록 하고 싶은 시골살이를, 할 수 없게 했던 여러 일이 하나하나 풀리면서 내 발목에 자유를 줬다. 지난해 남편의 퇴직에 맞추어 시골살이 하려고 준비하던 중, 남편이 퇴직 전 틈틈이 공부해서 얻은 자격증이 빛을 발할 줄이야.

더구나 이곳으로 귀촌하고 싶은 생각은 늘 있었지만, 어느 날 갑자기 이렇게 원하던 곳으로 오게 되리라고는 꿈에도 생각을 못 했다. 물 좋고 산새 좋아 공기까지 맑은 이곳에 우리의 인생 이모작을 뿌리내리게 되었으니 행운일 수밖에 ……. 덤으로 경제활동까지 할 수 있는 남편에게 고마운 마음이다.

처음 집을 계약하던 날, 하루라도 빨리 텃밭을 가꾸고

싶어 빈집으로 몇 달째 묵혀있던 화단의 잡초부터 뽑아냈다. 제멋대로 어우러진 풀을 뽑을 때마다 대책 없이 여기저기서 기어 나오는 벌레들을 친구 삼아야 한다는 예상은 했지만, 막상 눈앞에서 직접 보고 손에 닿으니 흠칫 놀라서 뒷걸음질 쳤다.

땅속에서 터를 잡고 살던 크고 작은 개미떼, 지렁이, 집게벌레, 쥐며느리 등 온갖 이름도 알 수 없는 벌레들이 다 나왔다. 다른 벌레들은 정신없이 도망가느라 바빴지만, 건드리면 몸통을 동그랗게 말아서 죽은 듯이 꼼짝하지 않는 쥐며느리는 생김새와는 달리 며느리라는 이름처럼 새침데기 같다. 다른 벌레들처럼 빨리 도망이나 쳤으면 좋으련만.

하지만 좋은 친구들이 훨씬 더 많았다. 억센 잡초 속에서도 봉숭아, 부추, 고들빼기, 취나물, 고수, 등이 제 몫을 하겠다고 우거진 풀숲을 헤치고 하늘을 향해 빼꼼히 올라오고 있었다. 다 내가 좋아하는 것들이다. 행여나 하나라도 다칠세라 조심스레 묶을 것은 묶어주고, 뿌리가 뽑혀 올라오는 것은 꼭꼭 밟으며 다독거려 주었다.

열 평 남짓 되는 화단의 풀을 매고 땅을 평평하게 골랐다. 마침 장날이어서 상추, 옥수수, 가지, 호박, 오이, 고구마 순 등 욕심껏 사다가 심어 놓으니 그럴듯한 텃밭 모양새가 되었다.

많은 농사는 못 지어도 그동안 이렇게 작은 텃밭 가꾸

며 살기를 얼마나 원했던가. 결혼 전, 아픈 어머니를 대신해서 아버지 따라 뙤약볕에서 마늘 캐고 고추 따는 일을 할 때는 정말 싫었다. 그 시절의 벗어나고 싶었던 순간이 이토록 그리워질 줄 몰랐고, 아련한 추억이 되어 간절한 소망으로 변할 줄이야.

윤사월의 햇볕이 제법 강하게 내리쬐는 한낮이었지만, 더위도 잊은 채 신나게 콧노래 부르며 풀을 뽑고 밭을 일구니 얼굴과 등줄기에 땀이 흥건히 고였다. 사계절 중 여름을 제일 싫어했지만, 그날만큼은 아니었다. 간절히 소망했던 일이라 더워도 좋고 땀이 흘러도 좋았다.

"내가 이런 호사를 누려도 될까? 뙤약볕에서 밭 매고 땀 흘리는 것을 호사라고 생각하는 사람은 아마 흔치 않을 거야"라고 혼잣말을 하며 행여 누가 들을까 봐 두리번거렸다. 머릿속에서 흐른 땀이 또 한 번 뒷덜미를 타고 등줄기로 흘렀다.

집 뒤 밤나무 숲에서는 내가 일하고 있는 마당을 내려다보고 있다는 듯, 뻐꾸기가 '뻐꾹뻐꾹' 내 귓전에 대고 노래를 불렀다. 땀을 식혀가며 쉬엄쉬엄하라고 달래는 듯 청량한 소리가, 고요하고 적막한 시골집의 정적을 깨우며 송홧가루 쌓여있는 평상 위로 내려앉는다.

기분 탓이었을까? 예전에는 누군가를 애타게 찾는 듯 구슬픈 울음으로 들렸던 뻐꾸기 소리가, 그날은 맑고 아름다운 노랫소리로 들렸다. 크고 작은 벌레들도, 억센 풀도, 가녀린 꽃들도, 기분 좋게 노래해 주는 뻐꾸기도 이제는 모두 나의 새로운 친구가 되었다.

하지만 이곳에 와서 가장 듬직하고 멋진 새 친구는 따로 있다. 비 오는 날도 바람 부는 날도, 변함없이 그 자리를 지키고 있는 그 친구를 볼 때마다 좋은 일이 생길 것 같아 힘이 난다. 겨우 승용차 한 대 지날 수 있는 대문 앞 좁은 고샅길에 서면, 쫑긋 솟은 '말의 두 귀' 마이산이 말한다. "든든한 새 친구 여기도 있어요, 항상 지켜 줄게요" 라고.

오늘도 눈부신 아침 햇살 받으며 고운 자태를 뽐내는 채송화, 백일홍, 봉숭아, 족두리 꽃, 푸른 잎과 열매들을 아낌없이 내주는 채소 들, 그리고 토방에서 줄지어 바쁘게 움직이는 개미들까지, 새로 사귄 반가운 친구들을 살피며 차 한 잔의 여유를 가져 본다.

4부

사연 있는 생일

청향 유옥경

4부

사연 있는 생일

사연 있는 생일

'뎅 뎅 뎅 뎅 뎅 ……'

아주 어린 시절 어느 때부터인가 정월 대보름날 이른 새벽에는, 으레 어머니가 떡시루 두드리며 경 읽는 소리가 들렸다. 부스스 잠결에 눈을 떠보면 윗목 한편 작은 소반에 정갈하게 떠놓은 정화수, 찰밥, 미역국과 몇 가지의 고소한 나물 반찬들, 그리고 질그릇으로 된 앙증맞게 작은 떡시루가 있었다. 그 앞에서 어머니는 떡시루를 놋수저로 가만가만 두드리며 나지막한 목소리로 경을 읽고 계셨다.

나는 왜 그러고 있는지 이유도 모른 채, 경 읽는 소리가 꿈결 속 자장가처럼 들려 더 깊이 이불 속으로 파고들어 꿀처럼 다디단 잠을 잤다. 나중에 커서 알게 된 일이지만 정월 대보름날이 내 생일이라서 무병장수하라고, 일 년에 서너 번 절에 가시는 어머니는 나를 위하여 칠성 경을 읽으셨다고 했다.

자식을 사랑하는 마음이야 어느 부모인들 다 똑같겠지만 어려서 잔병치레가 잦고, 내 위로 어린 딸만 셋씩이나 하늘나라로 보낸 부모님의 나에 대한 사랑은 각별했으리라.

내 유년 시절 정월 대보름날은 설날 못지않게 큰 명절로 여겼다. 대보름 전날 밤잠을 자면 눈썹이 희어진다는 말에 잠들지 않으려고 졸린 눈을 비벼가며 잠을 설쳤고, 보름날 아침부터 동생들을 불러서 대답하는 동시에 "내 더위 사라"하며 얄밉게 더위를 팔았다.

또 그날은 찬 음식만 먹어야 되고 찰밥도 아홉 그릇을 먹어야 한다는 말에 이집 저집 밥을 나눠 먹기도 했다. 그리고 마을 어른들은 하루 종일 징과 꽹과리, 장구를 치며 집집마다 돌아올 한 해의 안녕을 빌어주고 다녔다. 가난했던 시절이었지만 정월 대보름날만큼은 모두가 배부르고 풍성했다.

정월 대보름날은 평상시 자주 해 먹지 않는 음식을 해서 먹을 수 있는 날이라고 내 생일을 부러워하는 사람들도 있다. 하지만 어렸을 때 얼핏 들은 이야기는 내 사주에 대보름날이 생일이어서 액운이 끼었다고 했다. 액땜하기 위해서는 어머니가 둘이어야 한다는 얘기가 있었고 편하게 살면 수명이 짧다는 얘기도 있었다.

그래서 어머니는 동네에 자주 오는 당골에미에게 내 수명 연장을 위한 염원을 부탁하며, 일 년에 얼마씩의 곡식을 주며 나를 팔았다고 했다. 내 뜻과는 전혀 상관없는 두 어머니가 되었고, 우리 어머니는 내 생일 때마다 그렇게도 간절히 칠성 경을 읽으셨나 보다.

하필이면 나를 팔았다는 당골에미는 등이 심하게 굽은 꼽추였다. 머리조차 허옇던 그 할머니를 어머니라고 부르라 하니 난 정말 죽을 것만 같았다. 어린 마음에 동네 골목에서 마주칠 때나 학교 다녀오던 길 멀리서도 그분이 보이면 무서운 마음에 기겁을 하고 울면서 도망쳤다.

제법 커서 철이 들 때까지 그런 사람을 어머니라고 부르라는 우리 어머니를 원망도 했다. 꼽추여서 정말 무섭고 보기 싫던 그분도 내 단명을 연장하기 위해 얼마나 많은 기도를 했을까? 지금 마음으로는 그분이 계시다면 어느 관계를 떠나서 오히려 잘 보필해 드릴 것 같다.

빈 공간이 없어 더 이상 채워지지 않는 둥근 보름달을 보며 생각한다. 낭만적이지는 않지만 평화로움과 풍요가 느껴진다. 하지만 그 모습은 영원할 수 없고 얼마의 시간 동안 조금씩 비워가며 꼬부라진 하현달로 변해간다. 우리네 인생처럼. 기울어가는 보름달보다 채워갈 수 있는 상현달이 뜰 때 내 생일이었으면 좋겠다는 엉뚱한 생각을 한 적도 있다.

올 정월 대보름날 아침에도 여느 해 와 다름없이 친구

들, 동생들, 조카들에게서 전화, 카톡, 문자 등 온갖 통신 수단을 다 동원한 축하 메시지가 나를 즐겁게 한다. 내 생일을 아는 사람들은 특별한 날이어서 거의 잊지 않는다 했다. 나를 생각해 주는 따뜻함과 고마운 표현에 감사할 따름이고 나는 그들 곁에 건강히 머물러있는 것이 보답이리라.

한 달 전부터 생일날 맛있는 점심을 사주겠다는 친구의 연락을 받았다. 다른 친구들과 함께 멋진 곳에서 갖가지 생선 요리와 싱싱한 회를 먹고 즐겁게 식사하며 좋은 시간을 보냈다. 그것도 잠시 그 밤에 탈이 나서 3일 동안 동네에 있는 이 병원 저 병원 다녔다.

장염이라고 했지만 도무지 차도가 없어서 결국 대학병원 응급실까지 다녀와야 했다. 건강하라는 메시지를 어느 날보다 더 많이 받은 날 건강은 내 맘대로 되는 것이 아니었고, 며칠 동안 물과 죽으로 연명한 꽤 혹독한 생일을 보냈다.

어린 시절 두 어머니의 간절한 기도 덕분인지 긴 세월 지금까지 아스라이 걸어온 길, 바람 불고 매섭던 눈보라에 가슴 아파하던 날도, 맑고 푸른 가을 하늘처럼 온 세상이 내 것인 양 부러울 것 없던 날도, 많은 사연들을 가슴에 묻은 채 덧없이 세월이 흘렀다. 생일날 액운이 끼었던 행운이 끼었던 꽉 찬 보름달이 하루하루 속을 비워 모습이 변해가듯, 이제는 조금씩 내려놓을 준비가 필요한 때인 것 같다.

결혼해서 지금까지 사십여 년간 연례행사이듯 올해 대보름날 아침에도, 미역국과 찰밥 나물 반찬들을 보자기에 예쁘게 싸서 시어머니께 드리고 왔다. 친정어머니께 받은 사랑을 시어머니께 보답하는 날이 되었고, 어려서부터 대보름날 찰밥에는 꼭 미역국을 먹어야 하는 줄 알았다. 내 생일이라서 어머니가 끓여주신 줄도 모르고.

지금 이 순간 애지중지 아끼시던 딸이 제대로 끓인 미역국을 꼭 한번 드리고 싶지만 마음뿐이다.

하마터면

지난봄 어느 날의 일이다. '카톡' 하고 제법 상냥한 소리로 전화기가 나를 불렀다. 늘 그렇듯 별로 필요치도, 급하지도 않은 일이겠지. 급하면 누군가 전화로 하겠지, 생각하며 하던 일을 계속했다. 이어서 또 '카톡' 하고 부른다. 뭐지? 장미꽃을 다루는 일을 하기에 내 두 손에는 꽃을 가득 들고 있는 상태여서 안 보려다 두 번이나 울리기에 전화기를 열어 보았다. 작은딸이었다.

"엄마 바빠? 급히 부탁할 것이 있는데."

"뭔데? 나 지금 바빠. 일일이 카톡 못하니까 전화로 빨리 말해봐. 바쁜지 뻔히 알면서" 톡 쏘아붙이듯 문자를 보냈다. 딸은 휴대폰 액정이 깨져서 A/S 맡기는 바람에 통화할 수 없다고 했다. 무슨 일이냐고 되묻는 나에게, 어제 친구 통장이 한도 초과라서 본인 통장으로 받은 돈이 있으니 오늘 돌려줘야 된다고 했다. 본인 휴대폰이 고장 났으니 우선 엄마 전화기로 폰뱅킹해 주면 휴대폰 찾아오는 대로 나에게 돈을 바로 입금시켜 주겠다고 했다.

"알았어. 지금 내가 바쁘니까 아빠한테 너희 회사로 전화해서 보내라 할까? 그리고 참! 너 전화기 고장 났다며 어떻게 카톡을 보내고 있지?" 내가 보낸 카톡을 보자마자 바로 답이 왔다. "아니야, 지금 회사가 아니고 잠깐 급해서 PC방에 와서 컴퓨터로 하고 있어." 컴퓨터로 카톡을 주고받을 수 있다는 것을 그때 처음 알았다.

그런데 잠깐, 내가 아는 딸아이는 지금까지 어느 친구와 이런 식으로 돈을 주고받고 할 성격이 아니다. 그리고 사무실 컴퓨터가 있는데 왜 PC방까지 갔지? 순간에 여러 생각이 스쳤다. 그런데 공교롭게도 어제 딸과의 대화 중에, 요즘 사무실 컴퓨터에 깔린 게 많아서 그런지 성능이 너무 느려 고쳐야 된다는 말을 했다.

사무실에서 다른 일을 하려니 직원들 눈치도 보였을 테고, 그래서 PC방까지 갔나 보다. 남에게 눈곱만큼도 피해를 주는 일은 하지 않고, 조금도 흐트러짐 없이 정석이 아니면 실행하지 않는 너무 착실한 아이다. 생각이 여기까지 미치자 딸아이의 성격을 너무나 잘 알고 있기에 이젠 내 마음이 더 급해졌다.

"알았어. 아무튼 이체 금액과 계좌번호 보내봐, 그리고 진짜로 친구한테 돈 받은 거 맞지?"

다시 한번 확인 문자를 보냈다. 바로 답이 왔다.

"웅 친구네 집 계약금인데 570만 원만 보내면 돼. (농협 302-4598-2122-31 김제일). 어제 내 통장에 입금되어 있으니 걱정 말고 지금 바로 보내면 돼."

"야 그런데 친구가 왜 남자 이름이야?" 다시 물어봤다.

"아~ 김제일은 부동산 사장님 이름이고 지금 친구랑 같이 있대. 엄마 혹시 착각해서 내 통장으로 보내면 안 돼. 김제일에게 보내야 돼" 다시 한번 당부의 문자가 왔다.

"알았어. 내가 바보냐? 당연히 김제일에게 보내야지 아빠한테 바로 보내라고 할게"

"엄마 고마워 그럼 엄마는 바쁘니까 지금부터는 내가 아빠한테 연락할게"

바쁜 중에 남편에게 전화를 했다. 대충 설명하고 지금 보내준 그 계좌로 570만 원 빨리 보내주라고 말했다. 그렇게 내 임무는 끝이 났고 하던 일에만 집중했다.

이십여 분쯤 지나서 남편에게서 전화가 왔다. 말로만 듣던 '카톡 피싱'이었다고. 갑자기 다리에 힘이 쫙 빠졌고 털썩 주저앉았다. 내 돈, 내 돈 570만 원은 어떡하라고! 전화기 너머에서 진정하고 얘기를 들어 보라는 남편의 말이 귀에 들어올 리가 없고, 가슴은 심하게 두 방망이질을 쳤고 얼굴은 벌겋게 달아오르며 혈압은 급상승했다.

남편은 내 이야기를 듣는 순간에 나와 딸이 하는 얘기

라서 조금도 의심할 여지없이 바로 송금하려 했다고 하였다. 그런데 아무리 인터넷뱅킹으로 570만 원을 보내려 해도 자꾸 오류가 뜨는 바람에 딸에게 직접 전화를 했다고 한다.

나는 딸의 전화가 고장이 났다는 것을 알아서 통화를 안 했지만, 아무것도 모르는 남편은 딸에게 전화해서 계좌번호가 잘못됐는지, 송금이 안 된다고 다시 확인해 보라고 말했다고 했다. 이 말을 들은 딸도 깜짝 놀랐다. 엄마한테 그런 문자를 보낸 일이 없다고.

'보이스 피싱'이나 '카톡 피싱'하는 사람들은 기술도 좋다. 도둑맞으려면 개도 안 짖는다 했던가? 분명 딸의 카톡에 올려진 이름과 사진인데 어떻게 그럴 수가 있을까? 그 사람들은 남의 카톡을 도용한다고 했다. 딸도 그 피해자들 중의 한 사람이었다. 딸은 본인 전화기에 있는 사람들 모두에게 문자를 보냈다. 혹시라도 본인 이름으로 돈 요구하는 사람이 있거든 절대로 보내지 말라고.

컴퓨터에 오류가 떠서 송금되지 않은 이유는 일일 한도가 초과돼서 그랬다. 하루에 이백만 원까지만 보낼 수 있도록 정해놨기 때문이었다. 남편이 다른 일이라면 컴퓨터에 오류가 뜬 이유를 끝까지 찾아서 해결했을 텐데, 딸 성격을 잘 아는 남편도 딸이 급해서 얼마나 애가 탔을까 싶어 바로 전화를 했다는 것이었다.

매스컴에서 심심찮게 '보이스 피싱' 당한 사람들을 보

며 "저런 일을 왜 당하지? 바보처럼, 나는 저런 일은 절대로 없을 거야." 당당하게 말했지만 하마터면 내가 당할 뻔했다.

두근거리는 가슴 쓸어내리고 잠깐 그놈이 생각나서 전화기를 열었다. "야, 이 나쁜 놈아 너 지금 누구한테 사기치려고 그래? 경찰에 신고할 거야." 넉살 좋은 그놈은 돈 보냈다는 문자를 기다리고 있었는지 일 초도 안 걸려서 답이 왔다. 카톡! "어머니, 죄송합니다. 좋은 하루 되세요."

신의 손

서쪽의 산 그림자 마당가에 스멀스멀 내려온다. 며칠 전까지지도 곱게 빗질한 단발머리처럼 조신한 자태로 논둑에 서 있던 억새풀이, 바람의 유혹에 못 이긴 듯 은색 머릿결을 풀어헤쳤다. 그에 질세라 마당가의 키 큰 코스모스도 실하게 영글어가는 씨앗 사이로 늦게 핀 꽃송이가 듬성듬성 달려있고, 썰어 널은 애호박이 채반 위에서 숨죽이고 있다.

현관 앞 두 기둥을 타고 올라가는 풍선덩굴은, 아직도 꽃이 남아 겨울을 준비하는 벌 들이 윙윙거린다. 검은색 바탕에 하얀색으로 선명하게 하트모양이 그려진 풍선덩굴 씨앗은 귀엽다 못해 신기하다. 누가 이렇게 예쁜 씨앗을 만들었을까. 채송화, 분꽃, 코스모스, 양귀비, 해바라기,

풍선덩굴, 백일홍, 심지어 호박까지 내가 심은 꽃씨는 모두 받아 필요하다는 사람들에게 나누어줬다.

작년 가을 이 집을 처음 만난 이맘때, 온통 마당은 보도블록으로 깔았고 주차장으로 쓸 수 있는 곳은 자갈이 꽤 두껍게 깔려있었다. 어느 구석에 꽃 한 송이 상추 하나 심을 틈이 없었다. 꽃을 좋아하는 나는 어떻게 해야 이곳에 꽃을 심을 수 있을까 머릿속엔 그 생각뿐이었다.

다행히도 보도블록끼리 짜 맞추어 깔아놓은 사이에 애기밥그릇만한 구멍들이 나 있었다. 바로 이거야! 그 조그마한 구멍 속에 줄 맞춰서 온갖 꽃씨를 심었다. 키가 큰 꽃은 뒤로하고 키 작은 채송화나 봉숭아는 앞쪽으로 심었다. 새싹이 나오다가 혹시라도 밟힐까 봐 여기저기 줄을 치고 작은 막대를 꽂아 표시해 두었다. 조심시키는 나에게 남편은 밟으면 큰일 날 지뢰밭 같다며 한마디 했다.

이사 오기 전 이 집은 몇 달째 비어있었다. 마당과 주차장에 난 풀은 내 키보다 크고 그 풀 속에는 온갖 쓰레기가 몸을 숨기고 있었다. 우린 풀을 뽑고 쓰레기를 치우며 주차장에 깔린 자갈을 걷어냈다. 그리고 15톤짜리 덤프트럭으로 흙을 한 차 받아 채워, 열 평 남짓 텃밭을 만들었다. 몇 날 며칠 자갈을 걷어내고 흙을 골고루 펴는 작업이 너무 힘들어, 온몸엔 파스를 도배하듯 붙였다.

힘은 들었지만 잘 만들어놓은 텃밭에는 가지, 호박, 오이, 고추, 상추, 토마토, 등을 심었다. 크고 작은 꽃들은 마당가에서 시샘하듯 서로 예쁜 모습을 보여 주고 채소는 실하게 열매를 맺었다. 애기밥그릇만한 조그만 구멍에서 흙을 뚫고 나오는 새싹들은 얼마나 예쁜지 경이롭기까지 하다. 고생 끝에 행복을 안겨준 꽃과 채소들이다.

어느 날 이 집을 소개해 준 부동산 사장님이 왔다. 주차장과 마당가에 넘쳐나는 꽃과 채소를 보고 깜짝 놀랐다. 지난번에 소개해 준 집도 꽃밭을 만들어 놓더니 풀 속에 묻혀있던 이 집도 너무 잘 가꾸어 놓았다며, 가는 집마다 꽃밭으로 만드는 내 손은 아무래도 '신의 손'이라고 놀라워했다. 그러고 보니 그동안 사장님이 소개해 준 두 집은 모두 이사할 때마다 풀만 무성한 빈집이었다.

귀촌하고 싶어 십 수 년 전부터 몸살을 앓았다. 친구들이나 지인들은 시골 풍경 보는 것은 좋아도 아주 정착해서 살기는 싫다고 했다. 젊었을 때는 나도 그랬지만 나이 들어가며 마음이 바뀌었다. 조그마한 텃밭 가꾸고 아궁이 불 때며 함박눈 쏟아지는 겨울에는, 빗자루로 마당에 쌓인 눈 쓸어내며 살아갈 수 있기를 늘 염원했다.

뜻이 있는 곳에 길이 있듯이 나의 작은 소망은 이루어졌다. 남편이 퇴직 후 이곳에서 일할 수 있는 직장이 생겼다. 노후에는 병원 가까운 곳에 살아야 한다는 말에 공감하면서, 섣불리 시골에 집을 살 수는 없어 몇 해 살아보고 결정하기로 일부 짐만 싸서 이사를 했다. 10년만 젊었어도 한 치의 망설임 없이 아예 정착했을 것이다. 이렇게라도 시골살이를 할 수 있음에 감사하다.

울타리가 없는 집 주변은 빙 둘러 모두가 내 정원이다. 마당 앞 논에서는 애써 모내기하지 않고 풀과 씨름하지 않아도 누군가의 손에 의해 황금물결이 출렁이고, 저만치 병풍처럼 서 있는 산에는 노랗고 붉은색이 어슴푸레 단풍의 계절임을 알린다.

수많은 내 사진 속 모델이 되어준 말의 귀를 닮아 우뚝 솟아 장엄해 보이기까지 한 마이산은, 오늘 아침 허리춤에 안개를 두르고 내 눈을 호사시킨다. 하늘도 땅도 사방이 온통 가을빛이다. 사계절 내내 색다른 고운 빛을 내어 주는 아름다운 자연을 앞마당에서 즐길 수 있다니….

그동안 맘먹은 대로 울안에 작은 텃밭을 만들어 채소 심고 가꾸며, 하얀 눈 펑펑 쏟아지는 겨울엔 토방에 쌓인 눈 쓸어내고 아궁이에는 여지없이 군불을 지폈다. 내 체력이 그 정도 소일거리로 만족해야 했다.

모든 일에는 욕심이 화를 부른다. 텃밭 가꾸는 일을 너무 재미있게 하는 것을 본 옆집 형님이, 이백여 평 되는 땅을 무상으로 빌려줄 테니 해보라고 했다. 이곳 원주민도 아니고 시골 인심이 옛날 같지 않은데, 선뜻 땅을 빌려준다 하는 것은 어디서든 내가 하기 나름이다. 그래서 이런 횡재가 왔다고 난 속으로 쾌재를 불렀다.

옆집에서 밭을 내준 것도 감사한데 트랙터로 밭을 갈아 고랑을 만들고 오랫동안 묵힌 거름까지 주었다. 감자,

고구마, 호박, 땅콩, 파, 옥수수, 생강 등 백여 평 정도를 신바람 나게 심었다. 그리고 나머지 백 평은 들깨를 심을 요량으로 남겨 두었다.

그러나 드디어 올 것이 오고야 말았다. 오래전부터 관절염으로 조금씩 아프던 무릎이 무리하게 밭일을 하다 보니 아파서 디딜 수 없을 정도로 통증이 심해졌다. 집 가까운 병원 두 군데나 다녔지만 조금도 차도가 없다.

예전에 무릎이 아파서 다녔던 뼈 전문병원에 가서 초음파 사진을 찍었다. 닳아서 그나마 조금밖에 없는 연골이 파열되어 무릎뼈 밖으로 나왔다고 했다. 때는 늦었지만 겁 없이 뛰어든 내 객기를 책망했다. 다행히 꽤 저명한 의사 선생님 덕분에 몇 차례의 주사 치료를 받고 많이 좋아진 상태다.

시골생활 삼 년째다. 건강이 중요하다는 것은 알았지만 재미에 빠져 마음이 너무 앞서 내 몸 아픈 것은 뒤로 했기에 이런 결과가 왔다. 감히 이백 평을 넘보다니.

어쩔 수 없이 심어둔 땅콩과 고구마 수확만 끝나면 밭농사를 포기하기로 하였다. 그나마 남은 울안의 손바닥만 한 밭뙈기를 가꾸며 살다가, 남편이 직장생활을 그만두면 시골생활 조용히 접기로 마음먹었다. 다시 아파트로 돌아가면 꽃 가꾸고 채소 키우던 '신의 손'은 무엇을 할까.

가라앉은 바다

초등학교 시절 봄 소풍은 항상 짠 내를 풍기는 바다로 갔다. 어린 마음에 바다는 소풍 가는 곳쯤으로 알았다. 넓고 푸른 바다는 좋았지만, 십 리나 되는 길을 걸어서 가기엔 꽤 먼 거리여서 소풍날이 별로 즐겁지 않았다.

단발머리 중학교 일학년 때 학교에서 단체로 '해저 삼만 리'라는 영화를 보았다. 아! 스크린에 펼쳐진 끝없이 넓고 웅장한 바닷속. 모양도 여러 가지 꽃처럼 피어서 한들거리는 산호초며, 희귀하게 생긴 물고기들이 얼마나 신비롭던지. 끝날 때까지 숨도 제대로 못 쉬고 생물들의 움직임에 긴장되어 꽉 쥔 손바닥에서는 땀이 고였다.

태어나서 처음 본 영화였기에 그 황홀함은 어디에도 비할 수 없었고, 그동안 겉으로만 봐왔던 비릿하고 짠 내 나는 바다가 아니었다. 어른이 된 후에도 그 장면을 잊지 못해 막연하게, 마음껏 바닷속을 누비는 스킨 스쿠버가 되어 보고 싶었지만 수영도 배우지 못했다. 대신, 바닷속 구경하는 것이 희망이라 했더니 결혼 25주년 때 남편과 두 딸, 넷이서 제주도 문 섬 앞바다에서 잠수함 타고 40여 미터 내려가서 구경한 일이 전부였다.

그분을 처음 만났을 때도 그랬다. 깊은 바닷속에서 빛나던 산호처럼, 예쁜 색깔을 자랑하듯 헤엄치는 물고기처럼 비취색 한복의 화려함이 내 마음을 사로잡았다. 끝이 보이지 않는 바다처럼 넓은 아량과, 포근한 솜처럼 따뜻하고 인자로워 보이는 마음은 온갖 생명을 다 품을 수 있는 그런 바다처럼 보이는 분이셨다.

푸르던 시절 철없고 순진했던 나는, 비단결같이 잔잔한 물결무늬를 만들어내는 바다만 생각했다. 바다가 고요할 때는 그 위에서 움직이는 배들도 여유롭고 평화롭다. 그러나 심한 비바람에 태풍이 몰아칠 때의 커다란 힘을 발휘하는 바다를 미처 생각하지 못했다.

그분은 큰 배움이 없었지만 여러 방면에서 남들보다 우월했고 치마 두른 여장부였다. 생활이 어려웠던 옛 시절에 가족을 위해서라면 이런저런 힘든 일도마다 하지 않고 치렀으며, 크고 작은 집안일과 바깥일까지도 도맡아 해결했다. 그러기에 자부심과 주장이 어떤 사람보다 강했으며 타인의 사소한 잘못을 그냥 넘기기가 어려웠다.

그분은 자식들에 대한 사랑과 집착과 욕심도 남달랐다. 어지간한 일들은 당신의 잣대에 맞춰야 했고 그 뜻을 받들어 소리 없이 잘 따르는 자식들이지만, 당신 뜻에서 조금만 벗어나면 휘몰아치는 태풍보다 더 큰 힘을 발휘했던 분이다. 그분을 향한 자식들의 마음이 가끔은 원망스러움에 힘이 들었고, 살아오는 동안 큰 태풍은 여러 차례 시련을 안겨줬다. 그럴 때마다 잔잔하고 평화롭던 바다 위의 배들은 큰 멀미를 치르고 남은 상처는 깊고 꽤 오래갔다.

그런 태풍에 대처 할 수 있는 방법은 조용히 숨죽이고 살아야 한다는 것도 알았다. 그랬기에 나는 그분의 울타리 안에서 쉽게 아물지 않는 상처를 다독일 줄 아는 지혜와 세상을 잘 살아갈 수 있는 방법을 익히고 터득하며 차근차근 숙제하듯 허투루 살지 않는 삶을 살았다.

세상이 변하는 속도는 너무 빠르고 세월은 무정했다. 거센 힘으로 다가와서 해변가에 하얀 포말로 부서지는 파도처럼, 영원할 것만 같이 거칠 것 없던 그분의 여정도 잠깐의 낮잠처럼 순간에 지나갔다. 소중한 사람들이 아무 탈 없이 옆에 있다는 것이 행복이라는 것을 느낄 즈음, 예기치 않은 상황에 갑자기 손조차 써 볼 수 없는 병마가 찾아왔다.

너무 늦게 알았기에 현대 의학으로도 치유할 수 없었다. 눈치가 빠르고 영특하신 그분은 누가 말해 주지 않았어도 더 이상 회생할 수 없다는 것을 알았는지, 이제는 아무것도 필요 없다며 오히려 빨리 내려놓고 마음을 비웠다. 모든 것이 당신의 뜻대로 아니면 용납할 수 없었던 것도, 쉽게 내려놓을 수 없는 생명에 대한 미련도, 얼마 전까지만 해도 절대 포기하지 않을 듯 다 품으려 했던 자식들에 대한 집착과 사랑도 ……. 의외였다. 심한 태풍이 휘몰아칠 때는 감당하기 힘들었지만, 바람 없이 잔잔할 때는 깊고 큰 바다였기에 가능했을까?

거센 폭풍우가 지나고 나면 다시 잔잔해지는 바다처럼, 세상의 모든 역경과 소란스러움을 다 품은 구순을 바라보는 바다는 고요해졌다. 관절염으로 이리저리 휜 핏기 없는 손가락 마디가 적극적인 삶을 살았다는 흔적을 남긴 채 움직이지 않는다. 지나온 세월 속에 거세고 날카롭던 성품은 물결에 쓸리고 깎인 몽돌처럼 둥글어지고, 내 마음을 사로잡은 멋지고 아름답던 모습도 모래 위에 힘없이 엎드린 조개껍데기처럼 점점 작아지고 퇴색 해져갔다.

한 달 가까이 의식이 없고 혀가 말려들어 입이 열리지 않았다. 가끔 떴다 감았다를 반복하는 눈동자엔 초점이 맞춰지지 않고 흐릿한 동공은 푸른 시절을 회상하는 듯 허공에서 멈췄다. 병원에서는 신체의 모든 의식이 다 정지해도, 마지막까지 귀는 열려있으니 좋은 말을 많이 해 드리라고 했다.

멀리서 살고 있기에 그분이 가장 기다리고 그리워하던 타국에 사는 큰손녀가 왔다. 귀 가까이 대고 큰소리와 작은 소리로 최대한 알아들을 수 있게 "할머니 저 왔어요.

눈 좀 떠보세요. 할머니!"를 애처롭게 불렀다. 기적이었을까? 대답 대신 눈동자도 맞춰지지 않던 번쩍 뜬 두 눈 끝으로 주르륵 눈물이 흐르고, 제대로 움직일 수도 없는 입가에서는 누군지 알겠다는 듯 얇은 미소가 번졌다.

강렬하고 뜨거운 빛을 뿜으며 하루의 일을 마친 태양이 수평선과 마주할 때, 절대 변하지 않을 것 같던 서슬이 퍼렇던 바닷물도 한풀 꺾인 색으로 시들해진다. 의식 없이 가끔 몰아쉬던 거친 숨소리마저 희미해질 때, 그분의 화려하고 젊은 날 세차게 밀려오던 푸르던 빛이 이제는 포근한 물결 되어 다가왔지만, 붙잡을 수 없는 아쉬움에 내 마음 갈피없이 여기저기 서성거렸다.

침묵 속에 바다가 맥없이 가라앉는다. 생전에도 자식들 사랑을 마음껏 받으시더니, 하늘빛마저 푸른 물이 뚝뚝 떨어질 것 같은 화창한 가을날 아침, 당신으로 인해 존재하는 자손들 빠짐없이 다 마주한 다음 날 끝내 짙푸르던 바다는 가라앉았다.

알 수 없는 깊이와 넓고 푸른 바닷속처럼 자식들을 너무 사랑하고 기대했기에, 오히려 많은 상처를 안고 가신 시어머니.

때로는 심한 태풍처럼 모진 다그침이 있었기에, 당신의 뜻을 받들어 잘 살아가고 있는 자식들은 새삼 깨닫는다. 어머니는 귀한 보물을 다 내어주고 모든 것을 다 품어주는 큰 바다였다는 것을.

면접 2

"와!~" 우렁찬 아이들의 함성 소리가 들린다. 집 앞 고샅길에서 한 집 건너에 초등학교가 있다. 몇 년 후엔 돈을 지불해야만 아이들 얼굴을 볼 수 있다는, 우스갯소리가 있을 만큼 아이들이 많지 않은 요즘이다. 다행히 초등학교 뒷길에 살고 있는 덕분에, 가끔은 아이들 소리를 들을 수 있다.

바쁜 일 없이 집안에만 있기에 무료하기도 하고 아이들도 직접 만나보고 싶어서, 학교에서 혹시 할 일이 없을까? 생각하던 중 인터넷에 나온 교육청 사이트에 들어가 봤다. 마침 각 시, 군 교육청에서 학교마다 '코로나 방역 도우미'를 모집하는 공고가 떴다. 무슨 일을 하는지 자세히는 몰랐지만 아이들과 함께 할 수 있고 집에서 가깝다는 이유로 겁 없이 지원을 하고 알아봤다.

아이들 등교 시간에 맞추어 발열 체크기 앞에서 열 체크하고 마스크는 잘 썼는지 확인하며, 잊지 않고 손 소독을 잘할 수 있도록 도와주는 일이었다. 그런 일이라면 할 수 있을 것 같았다. 여름 방학할 때까지 두 달 동안 오전과 오후로 나누어 일할, 두 사람 모집에 세 사람이 지원을 했고 며칠 후 면접을 보러 오라는 날짜를 정해 줬다. 젊어서도 해본 적 없는 면접, 두 해 전 시니어 클럽에서 해 본 면접에 이어 이번이 두 번째다.

분야별로 수없이 많은 사람들이 보는 면접에 정해진 답이야 없겠지만, 면접관들이 원하는 가장 근접한 대답을 하려면 어떻게 해야 될까? 생각하니 머릿속이 복잡해졌다. '설득력 있고 조리 있게 말을 해야겠지.'라고 생각하다가 '안 되면 말지 뭐, 언제는 내가 직장 생활했나?'하고 편하게 마음먹기로 했다.

하지만 어느 직장에서나 그 일을 지원하게 된 동기를 질문할 것 같아서, 거기에 맞는 대답만 생각하고 시간에 맞추어 교무실로 갔다. 잠시 기다리는 사이에 행정실에서 근무하는 선생님이 쪽지 세 장을 접어 와서 면접 봐야 할 우리에게 한 장씩 뽑으라고 했다. '무슨 일이지?' 의아해하며 조심스럽게 한 장을 펴 보니 1자가 쓰여 있었다. 그 숫자는 면접 보러 들어갈 순서라고 했다.

'매도 먼저 맞아야 낫다'는 말이 있듯이, 첫 번째로 면접을 보는 것도 괜찮겠다 싶었다. 그리고 그 선생님이 한마디 덧붙여 얘기했다. 오전 오후로 나누어서 일을 하는데 대부분 사람들이 오전을 선호하기 때문에, 면접에서 가장 점수가 많이 나오는 사람을 오전에 일할 수 있도록 학교 측에서 공정하게 정했노라고 말했다. 아까 쪽지 뽑은 일부터 재미있고 슬며시 웃음이 났다. "영어나 수학 문제처럼 정답을 말할 수도 없고 어떻게 해야 점수가 많이 나올까요?" 내가 웃으면서 물었다.

방송실에서 면접을 봤다. 면접 첫 번째로 정해진 나는 "안녕하세요?"라는 인사와 함께 조심스레 방송실 문을 열었다. 꽤 넓은 공간에 남자 선생님 한 분과 여선생님 두 분이 마스크를 하고 띄엄띄엄 앉아 있었다. 나는 그 맞은편 2~3미터 떨어진 곳에 앉았다.

아니나 다를까, 첫 번째 남자 선생님이 이 일을 지원하게 된 동기가 무엇이냐고 물었다. 가장 기본적인 질문일 것 같아 미리 생각했던 대로 대답했다. "우선 일하는 곳이 학교라서 마음에 들었고, 비록 짧은 기간이지만 하루에 단 몇 시간이라도 아이들과 함께하면 제 마음도 동심을 느낄 것 같아 지원했습니다."라고 말했다.

두 번째 가운데 앉은 유난히 뽀얀 피부가 돋보이는 여자 선생님이 물었다. 방역에 대비해서 가장 기본적인 손씻기에 대해서 아는 순서대로 말해 보라고 했다. 손 씻기처럼 쉬운 것이 없지만 순서대로 말하라는 바람에 굉장히 어려운 질문처럼 들리면서 순간, 머릿속 생각들이 정지해 버린 느낌이 들었다.

"작년에 코로나 처음 시작할 때는 텔레비전만 켜면 각 방송사에서 손 씻는 방법과 마스크 쓰는 방법을 하루에도 몇 차례씩이나 방송해서 외우다시피 했지만, 갑자기 대답하려니 잘 생각이 나지 않네요."라고 일단 말해놓고 "흐르는 물에 비누칠해서 30초간 손바닥 문지르고, 깍지 끼어 씻고, 손톱 문질러 씻는 것 정도는 알겠는데, 순서가 맞았는지 모르겠지만 그다음은 잊어버려서 생각나지 않습니다."라고 솔직히 말했다.

세 번째 앉아 있는 여자 선생님이 "만약에 합격해서 일을 하게 되면 학교에서 개선해야 할 점이 눈에 보일 텐데 그때는 어떻게 하겠습니까?"하고 물었다. 아니 오랫동안 일할 것도 아니고 불과 두어 달 일할 사람에게 꽤 심도 있는 질문을 하는 것 같아 난감했지만, 그래도 순간적으로 생각나는 대로 대답했다.

"지금까지 오랫동안 이어온 학교일에 감히 제가 개선해야 될 일을 선불리 말할 수 있겠습니까? 하지만 꼭 해야 할 일이 있다면 저 혼자의 생각대로 어찌할 수 없으니, 제가 하는 일을 담당하는 선생님이 계실 텐데 그 선생님과 상의하겠습니다."라고 했다.

그렇게 면접은 끝이 났고 전혀 예상치 못한 질문에 그런대로 대답은 잘한 것 같았지만, 얼굴은 벌겋게 상기된 채 면접실을 나왔다. 그날 오후 네 시까지 합격자에게 연락을 해 주기로 했는데 기다릴 것도 없이 한 시간 후쯤 전화가 왔다. 오전 근무자로 선정되었으니, 병원에 가서 '공무원채용 신체검사서' 용도로 건강 검진 받아서 제출하고 6월 1일부터 출근하라 했다.

나중에 알게 된 일이지만 면접관 중 남자 선생님은 주임 선생님이었고 첫 번째 여자 선생님은 교감 선생님이었다. 그리고 마지막 여자 선생님은, 그야말로 내가 하는 일을 담당하는 보건 선생님이었다.

첫 출근 날, 예쁘고 상냥해서 호감이 가는 보건 선생님이 말해줬다. 면접 본 사람 중에 내가 가장 진실성 있게 대답을 잘했다고 했다. 그래서 세 분 면접관 선생님들이 만장일치로 높은 점수를 주었기에, 오전에 근무할 사람으로 선정되었다고 했다. 예전에는 사람들이 서너 명 만 모여 있어도 어색해서 그 앞을 제대로 못 지나갔는데, 나이 들수록 사람 대하는 겁이 없어진 것 같다. 세 사람이 지원했지만 나이가 가장 많은 내가 점수를 많이 받았고 가장 젊은 지원자가 불합격되었다고 했다.

요즘 아침마다 등교하는 아이들과 "안녕하세요?"라고 인사하며 활기차게 하루를 시작한다. 며칠 전 이 학년 채은이라는 아이가 조심스럽게 다가와서 "난 할머니 선생님이 좋아"라고 말했다. 뜬금없는 소리에 깜짝 놀라서 물었다. "왜 좋은데?" 서슴없이 "예쁘게 생겼잖아."한다.

마스크로 절반은 얼굴을 가렸는데 예쁘다는 말은 무리일 것 같고, 무엇이 채은이 맘에 들었을까? 어른들이 아이들에게 할 수 있는 말을 아홉 살짜리 꼬마에게 듣다니, 채은이도 면접관이 되어 아침마다 마주하는 나를 말없이 지켜보며 면접을 했나 보다.

위험한 동거

반가운 마음에 덥석 안으려 했다. 그를 태우고 온 기사 아저씨가 깜짝 놀랐다. 안으면 안 된다고 가까이 오지 말라고 했다. 그도 나에게 다가오려다 멈칫했다. 이럴 수가 있을까? 멀고도 먼 길을 얼마나 힘들게 왔는데 손도 잡을 수 없다니, 어두운 밤 희미한 가로등 불빛 아래서 우린 서로 이름만 부르며 머쓱하게 웃었다.

지난해 시월 외국에 살고 있는 딸이 왔다. 텔레비전에서는 외국에서 오는 사람들의 코로나 확진자 숫자를 날마다 보도했다. 이렇게 어려운 시기에 무엇 때문에 들어오는지 이해할 수 없다며 원망했다. 그런데 갑자기 딸이 직장 일로 어쩔 수 없이 와야 했다. 내 앞에 이런 일이 있을 줄은 꿈에도 생각 못했다.

외국에서 들어오면 무조건 2주간 격리를 해야 되기에 우리 집에 비상이 걸렸다. 어디서 어떻게 격리시켜야 할 것인가 작은딸이 혼자 살고 있는 아파트로 보낼 것인지 아니면, 우리 부부가 살고 있는 집을 비워주고 우리가 2주일 동안 어디로 가서 있다 와야 할지 난감했다. 하지만 오랜만에 왔는데 맛있는 음식도 내 손으로 해주며 같이 있고 싶어서, 혼자 있으라 하기에는 내 마음이 허락하지 않았다.

여러 고민 끝에 이 집에서 같이 지내기로 했다. 안방과 화장실을 딸에게 내어주고 작은방과 주방은 우리가 사용하기로 했다. 딸은 안방과 화장실 외에는 얼씬도 못하게 하고, 음식은 따로 식판에 차려서 혼자 방에서 먹게 했다. 밥을 차려서 그야말로 전염병 환자처럼 멀찌감치 밀어주고 돌아서면 딸이 가져다 먹었다. 서로 이야기라도 할라치면 마스크는 기본이고 멀리 떨어져서 큰소리로 얘기했다. 무슨 이런 일이 있을까? 기가 막혔다.

격리하는 사람과 화장실도 같이 쓰면 안 된다는데, 가장 힘든 것은 이 집에 화장실이 하나밖에 없다는 점이다. 그래서 남편은 가까이에 있는 군청의 외부 화장실을 알아놨고, 또 정말 급할 때 사용하려고 요강까지 사서 준비했다. 결혼할 때 처음 사본 요강을 지금도 시장에서 살 수 있다는 것이 그나마 다행이었다.

처음 일주일은 잘 지켰다. 그러다 우린 불안해하면서

도 슬슬 가까워지기 시작했다. 원래 큰딸과 나는 만났다 하면 수다 떨기에 바빴다. 먼 외국에서도 전화했다 하면 보통 한 시간이다. 그런데 한 집에 살면서 멀리하려니 이건 고문이다. 어느 날 딸이 말했다. 사실은 밤에 혼자 잘 때마다 무서운 생각이 든다고. 이런 시골집에서 한 번도 살아 본 일이 없는 딸로서는 그럴 수도 있었다.

일주일 동안 아무 일 없었으니, 그 핑계로 딸은 방 저쪽 끝에서 나는 이쪽 끝에서 최대한 거리를 두고 자기로 했다. 그 말을 들은 남편은 깜짝 놀랐다. 그게 무슨 격리냐고, 두 수다쟁이가 만나서 그럴 줄 알았다며 절대로 안 된다고 했다.

우리 세 사람만 걸린다면 상관없는 일이지만, 직장에서 여러 사람을 만나야 하는 본인은 철저히 지켜야 한다고 했다. 그런 점에서 완벽에 가까운 남편의 성격을 이해는 했지만, 딸과 나는 절대로 가까이서 수다 떨지 않고 멀리 떨어져서 잠만 자겠다고 졸랐다.

결국 자식 이기는 부모 없다고 딸이 무섭다 하니 못 이긴 척 더 이상 말은 안 했지만, 여간 마땅치 않은 기색이다. 딸과 나는 남편이 출근하고 나면 마주 앉아 밀린 수다를 실컷 떨고, 퇴근할 시간쯤 되면 낮에는 안 썼던 마스크도 쓰고 멀리하는 척했다.

그런 상황을 다 알면서도 모른 척해 준 남편이 고맙기도 했다. 격리 마지막 날까지 식사는 따로 하고 검사 결과

음성 판정이 나왔다. 튀르키예에 살고 있는 딸은 외교부에 면접을 보러 온 것이었다. 외국에 사는 사람은 화상 면접한다더니 결국 들어오라는 바람에, 30분 면접을 위해 2주간 격리해야 했고 어려운 고생 끝에 다행히도 외교관 시험에 합격했다.

다시 외국으로 나간 후 한 달 만에 교육받으러 또 들어와야 했다. 교육이야 2주일 받으면 되었지만, 또다시 2주일 동안 격리를 해야 했다. 이번에는 한 달 이상 있어야 하기에 우리 욕심으로 다섯 살 된 손주 녀석을 데려오라고 했다.

비행기를 환승까지 하며 와야 하는 먼 길이기에 어른이 혼자 오기에도 버거운 일이다. 열다섯 시간 이상을 하늘에서 보내고 땅에서 열 시간 정도의 시간을 보내야만 집에 도착할 수가 있다. 비행기 안에서도 계속 마스크를 쓰고 와야 하기에 너무 힘들게 왔는데, 안아 볼 수도 없고 손도 잡을 수 없다니 기가 막힐 일이었다.

이튿날 검사 결과 딸과 손주 녀석 물론 음성으로 나왔다. 손주 녀석이 함께하는 격리는 쉽지 않았다. 도착한 첫날 저녁만 잠시 격리했을 뿐, 딸이야 성인이기에 답답해도 참을 수 있지만 다른 아이들보다 유난히 활발한 손주 녀석은 어디로 튈지 모르는 럭비공과 같았다.

겨우 하룻밤을 따로 지내고 할아버지! 할머니!를 부르며 거침없이 다가오는 녀석을 막을 길이 없었다. 격리는 무슨 격리, 딸이 혼자 왔을 때는 철저히 지키던 남편도 손주 녀석 앞에서는 다 포기한 것 같았다. 우리는 함께 뒹굴고 먹고 잤다. 딸은 어쩔 수 없이 14일간 바깥출입을 못했지만, 손주 녀석은 집안에만 있을 수 없어 날마다 주변의 슈퍼마켓, 문구점, 학교 놀이터로 함께 다녔다.

두 차례나 아슬아슬하게 위험한 동거를 했지만, 다행히도 괜찮았다. 사십여 일 동안 함께하며 아쉬움만 남긴 채 훌쩍 떠난 지 벌써 육 개월이 지났다. 격리를 해도 좋으니 천방지축으로 날뛰는 손주 녀석 어서 또 왔으면 좋겠다. 보고 싶다.

내가 겪은 아이들

눈을 뜨면 아침이다. 잠이 많아 어디서든 틈만 나면 잠을 잘 자는 사람으로, 알 만한 사람은 다 알고 있는데 이젠 아니다. 얼마 전까지만 해도 한밤중에 잠이 깨면 다시 잠을 이루기 어려워 뒤척이다 아침을 맞이했다.

하지만 요즘은 달라졌다. 오전 시간에 잠깐 학교에서 방역 도우미로 일하는 덕분에 하루해가 짧아졌다. 오후에 이십여 평 남짓한 텃밭 가꾸기와 집안일을 하다 보면, 밤에는 단 꿀처럼 깊은 잠을 잔다. 항상 일을 만들어 가며 바쁘게 살았지만, 지금은 더욱 그렇다. 적당한 하루 일과가 저녁에 잠을 곤히 잘 수 있는 보약이 되었다.

지난 유월과 칠월 여름방학 전까지 두 달 동안 초등학교 아이들과 생활하며, 그동안 알지 못했고 전혀 생각지 못한 일들이 많았다. 요즘 아이들 이야기를 주변 사람들에게 들어서 대충은 알았지만, 지금 초등학생들은 예전의 내가 생각하는 아이들이 전혀 아니었다.

우선 선생님들과의 거리감이 전혀 없다. 저학년 아이들은 담임선생님을 만나면 팔짱을 끼고 허리를 휘어 감으며 좋아하는 내색을 거리낌 없이 한다. 보기가 좋고 부럽기도 하다. 하지만 어떤 아이들은 선생님께 실없는 소리를 해놓고 농담이라며 깔깔대는 아이들도 있다. 내가 어렸을 때엔 선생님의 그림자도 밟으면 안 되는 줄 알았고, 선생님 앞에서는 부끄러워서 말도 제대로 못 했었다. 시대가 변했고 많은 세월이 흘렀음을 실감한다.

아침마다 열 체크하며 내가 먼저 "안녕하세요?"라고 인사해도 대꾸조차 하지 않는 아이들이 있다. 그와는 반대로 먼저 다가와서 공손하게 인사하는 아이들, 지금도 유치원에서 배운 대로 배꼽에 두 손 모으고 인사하는 아이들, 아니면 내가 먼저 인사하면 그냥 "예~!"하는 아이들, 어쩌면 어색해서 마지못해 고개만 끄떡이는 아이들, 인사하는 모습도 각양각색이다.

아픈 아이들도 있었다. 지적장애가 있어서 의사소통이 제대로 되지 않고 수업 시간에 복도에서 왔다 갔다 배회하는 아이들도 있고, 묻지 않는 이야기를 만날 때마다 똑같은 내용을 반복하는 아이 그리고 더운 날씨임에도 모자 달린 점퍼만 입고 모자를 꾹 눌러쓰고 다니는 바람에 열 체크하기 어려운 아이도 있어 안타까웠다.

근무 첫날부터 지금까지 항상 내가 먼저 인사해도 대꾸는커녕 눈길도 주지 않는 아이가 있었다. 피부가 뽀얗고 얼굴이 예쁘게 생긴 3학년 여자 아이이다. 어느 날 "너 어디 아프니?"하고 물어봤다. 말을 잘하지 못하는 줄 알았는데, "아니!"라고 단숨에 대답했다. 열흘이 넘는 동안 그 아이의 말소리를 처음 들었다. 더욱 놀란 것은 대부분의 아이들과는 달리 "아니!"라고 반어로 대답했기 때문이다.

다음날 아침 그 아이에게 우선 칭찬을 했다. "너는 얼굴이 뽀얗고 예쁘니까 인사를 잘하면 더 예쁘겠다."했지만 지금까지 여전히 처음과 똑같다. 나중에 그 아이의 가정환경을 알게 되었다. 언니 둘이 아직도 기저귀를 찰 정도로 장애가 심하다는 말에 깜짝 놀랐다. 그 아이는 그래도 정상에 가까운 편이고, 나뿐만이 아니라 담임선생님과 모든 선생님들에게도 전혀 인사를 하지 않는다 했다. 예뻤지만 어딘지 모르게 그늘져 있던 그 아이의 심정을 조금 이마나 이해할 수 있었다.

지금 아이들에게는 특별 수업이 참 많았다. 원어민 강사의 영어수업, 국악수업, 교외에서 하는 체험학습, 수영 등 다양했다. 어느 날 이학년 아이들이 체험학습으로 밭에서 감자를 캐 온 일이 있었다. 꾀죄죄하게 땀을 흘렸지만 신바람 난 아이들은 무거운 보따리를 하나씩 들고 이층 교실로 올라갔다. 자기가 캔 감자는 다 가져가라 했다며 검정 비닐봉지에 가득 담은 감자를 낑낑대며 들고 갔다.

아직은 짐을 편하게 들 수 있는 방법을 잘 모르는 아이들이라서, 축 처진 무거운 봉지를 길게 늘어뜨려서 들고 가며 손가락이 아프다고 난리들이다. 몇몇 아이들의 봉지를 묶어주며 가슴에 안고 가면 힘도 덜 들고 손가락도 아프지 않다고 알려줬다. 한 시간쯤 지나서 전혀 예상치 못한 선물을 받았다.

방역 도우미 선생님에게
방역 도우미 선생님 전 2-1반 김지현이애요.
매일 아침 발열체크 하는데서 서있고,
누가 결석했는지 돌아다니시고 힘들죠?
오늘도 감자를 들었주셨잖아요.
오늘 캔 감자예요. 마싰게 드세요.

예쁜 보랏빛 종이로 만든 편지봉투 위에 하트 모양까지 만들어서 붙인, 투명한 비닐봉지에 감자 여섯 알이 들어 있었다. 아! 이렇게 감동스러울 수가. 내가 어쩌다 이렇게 마음이 고운 아이를 만나게 되었을까? 하트처럼 예쁘고 순박한 아이의 마음이 고스란히 전해지며 나를 울컥하게 했다.

맞춤법이 좀 틀리면 어떻고 글씨가 좀 삐뚤삐뚤하면 어떠리. 요즘 들어 나를 가장 행복하게 해준 선물이었다. 이름도 모르고 마스크로 가려서 눈과 이마만 보였지만,

유난히 눈이 예뻐 보이고 곱게 인사를 잘해서 마음속으로 예쁘게 봐왔던 아이다. 감자 여섯 알과 감동의 편지를 사진으로 남기고 부랴부랴 지현이에게 답장을 썼다.

예쁜 눈을 가진 지현이에게
아침마다 인사를 잘해서 예쁘고 귀여웠는데
어제 네가 준 편지와 감자 여섯 개가 너무나 큰
감동이었단다.
다른 선생님들도 많은데 어떻게 방역 도우미
선생님에게 줄 생각을 했을까?
너의 마음은 천사일거야
더 좋은 선물을 주고 싶었지만 마땅한 것이 없어서
예쁜 너에게 잘 어울릴 것 같은 가방을 준비했단다.
혹시 마음에 들지 않으면 학교 정문 앞 '번영문구'에서
다른 것으로 바꿀 수도 있어.
항상 건강하고 지금처럼 예쁘게 자라길 바란다.
안녕

처음엔 내가 먼저 인사해도 대답하지 않던 아이들이 많이 바뀌었다. 내가 미처 못 볼 경우엔 코앞까지 다가와서 인사한다. 고학년 아이들 중 몇몇은 지금도 인사하지 않고 열 체크하는 것도 살짝 피해서 들어가는 아이도 있다.

인간관계의 가장 기본은 인사성인가 싶기도 하다. 밝게 인사하는 아이들은 매사가 긍정적이고, 성인이 되어 사회생활도 잘할 것이다. 짧은 기간 동안 내가 겪은 많은 아이들, 이 순간 개구쟁이들의 모습이 왁자지껄 스쳐 지나간다.

내려놓지 못하는 짐

선선한 바람 사이로, 소박한 토방 끝에 가을빛이 가득 들어와 앉았다. 늦게 심은 탓에 겨우 꽃피우기 시작한 맨드라미와, 돌담 사이에 아무렇게나 핀 달개비꽃 색깔이 유난히 곱다.

마당가 텃밭에 아기 다루듯 키워낸 들깻잎과 고구마 순이, 흐르는 시간을 붙잡지 못하고 엷은 갈색으로 퇴색해져 간다. 그것들도 반짝반짝 빛나던 초록의 시절이 있었는데, 썰렁하게 느껴지는 바람 탓일까? 쓸쓸해 보인다.

유년 시절 돌멩이로 공기놀이하다, 숙제하다, 친구한테 빌려온 만화책 보다, 그래도 심심하면 툇마루에 누워 뒹굴뒹굴하다 무심코 올려다본 가을 하늘은, 어린 내 마음을 몽땅 빼앗아버린 파란 하늘이었다. 그때의 느낌은 아니지만, 툇마루 대신 평상 마루에서 바라본 파란 하늘빛에 기분이 좋다. 볕이 덥지 않고 따사로운 것을 보니 어김없이 그때처럼 가을인가 보다.

토방 아래로 야리야리한 잠자리의 속날개 한쪽이 잘린 채 움직이고 있다. 깜짝 놀라 자세히 보니, 잠자리 날개로 가려서 보이지 않는 아주 작은 개미 한 마리가 날개 밑에서 그것을 움직이고 있었다. 무겁지는 않겠지만 크기로 봐서는 개미의 몸집보다 20여 배는 커 보이는 날개였다.

한가하던 차에 요놈이 어찌할까? 지켜봤다. 한참 동안 가다 서다를 반복하더니 어디선가 한 마리가 또 왔다. 부부일까? 아니면 장남일까? 둘이서 함께 물고 가다가 이리저리 헤매기도 하고 힘들어서 잠깐 쉬는지, 잠자리 날개가 움직이지 않고 가만히 있을 때도 있다.

겨우 두어 뼘 정도의 거리에 개미집이 있었지만 집을 찾기까지는 꽤 오랜 시간이 걸렸다. 함께 집 앞 구멍까지 물어다 주고, 다른 먹이를 찾으러 가는지 개미 한 마리는 또 밖으로 나갔다. 집에 있는 새끼들은 엄마 아빠가 물어오는 먹잇감을 얼마나 기다렸을까?

작년 이맘때쯤 아직도 등에서 짐을 벗어내지 못하는 남편이 수척해 보였다. 퇴직 전 취득한 자격증으로 퇴직 후, 흔히들 말하는 인생 2막의 새로운 직장에 뿌리내리고자 이곳으로 이사까지 왔다.

나이 들어서 전혀 새로운 분야의 일을 한다는 것이 결

코 쉽지 않았으리라. 일이 어려워서가 아니고 덧없이 지나버린 세월 탓에, 기억력이 약해져 건망증에 시달리는 듯했다. 예전에 참으로 많은 시간 공부를 했고, 책과 어려운 논문을 얼마나 많이 쓰고 다루었던가. 지금 하고 있는 일은 그 일에 비하면 너무 쉬운 일인데도, 뻔히 보면서도 숫자 하나를 틀리게 쓰고 아는 것도 착각해서 실수하곤 하는 자신에게 자존심 상해서 너무 화가 난다고 했다.

어느 날 퇴근한 남편이 푸념했다. "오늘처럼 일이 안 풀리고 힘들 때는 당장 그만두고 싶었지만, 당신이 지금이 시골생활을 너무 즐기고 행복해하기에 그만두지 못하겠더라"라고. 젊을 때 더 힘들었던 시절에도 굽히지 않고 꿋꿋했던 남편이 그 정도로 힘들어하는지 몰랐다. 내 한마디의 따뜻한 위로가 필요했을 텐데, 위로는커녕 마음과는 달리 그리 힘들면 그만두라고 툭 한마디 던져 버렸다.

지금보다 더 어렵고 힘든 날들이 있었다. 젊음이 있어서였을까? 그는 장남이고 가장이었기에 어느 누구 못지않게 열심히 살았으며 전혀 힘든 내색하지 않고 당당했다. 이제는 짐을 내려놔도 될 테지만 지금까지 짐을 내려놓지 못하는 것은 본인의 성격 탓이기도 하다. 어떤 일이든 남들보다 더 열심히 해야 하고 잠시라도 시간이 있으면 뭐라도 하지 않으면 못 견뎌한다. 퇴직 전에도 야간 시간을 활용해서 컴퓨터 자격증이며 목공, 심지어 용접 기술까지 배우러 다녔다.

재직 중에도 독학으로 취득한 한국어 교사 자격증은 3년 동안 모 대학에서 외국인 학생들을 가르치기도 했다. 지금 몸담고 있는 직장일 역시 독학으로 취득한 자격증이 빛을 발하고 있다. 이곳에 이사 왔을 때에도 이 지역에 살고 있는 외국인들에게, 한국어 가르치는 일을 무료 봉사하고 싶다고 했지만 난 극구 말렸다. 물론 뜻은 좋지만 나이를 생각해서 낮에 일하고 저녁엔 쉬라고. 결국엔 밤에 텔레비전 보고 있는 시간이 아깝다며, 일주일에 두 번씩 40여 분 거리를 멀다 않고 제빵 학원에 다니고 있다.

젊어서야 가정을 책임질 가장이기에 열심히 했지만, 지금 하고 다니는 일은 해도 그만 안 해도 그만인 일이기에 부담 없이 재미로 한다 했다. 제빵 학원 다니는 일도 끝나고 요즘은 드론 연습에 푹 빠져있다. 이유야 어찌 되었던 본인이 하고자 했던 일들이고 앞으로 더 배워야 할 일들을 지금부터 정해 놓고 있다. 잠시라도 쉴 마음이 없는 듯하다. 다행히도 몸과 마음이 건강했기에 굴곡은 심했지만 바느질하듯 한 땀 한 땀 떠온 시간들이다.

나는 지금까지 살아오면서 철없던 유년 시절 빼고는, 작지만 텃밭 가꾸며 내가 하고 싶은 일 하고 사는 지금이 가장 마음 편하고 여유로워서 좋다. 남편이 힘들고 어려울 때는 당연히 내 마음고생도 컸다. 남편은 내가 행복하기만 하면 모든 것을 다 참을 수 있다며, 아무 걱정 없이 지금의 생활을 실컷 즐기며 살라고 한다.

그 사람의 뒷모습이 보이기 시작하면 그 사람을 이해하고 사랑한다 했던가. 본인은 모든 일을 즐기며 한다지만 지금보다 훨씬 힘든 시기에도 강해 보이던 그의 뒷모습이, 이제는 눈만 흘겨도 가버린다는 짧은 가을 햇살만큼이나 쓸쓸해 보인다.

집으로 가지 못하고 또 다른 먹이를 찾으러 떠난 그 개미도, 분명 아직은 짐을 내려놓지 못할 가장이 아니었을까.

씨간장

설 지나고 처음 돌아온 말날이다. 화창한 날씨를 기대했는데 구름이 잔뜩 낀 흐린 날이다. 날씨는 흐렸지만 계획했던 대로 전날 풀어놓은 소금물에 간장을 담그기로 했다.

올해는 음력 정월달에 말날이 세 번 들어있다. 정월달이 아니고 말날이 아닌 날 간장을 담가도 되지만 옛날 어머니가 하시던 대로 하고자 했다. 말날 담가야 '말의 피'처럼 진한 색깔의 간장이 될 수 있다 해서 그날을 택했고, 설 지나고 첫 번째 오는 말날에 담그면 더 맛있는 간장이 될 것 같은 내 생각이다.

정성 들여 항아리 씻어 소독하고 풀어놓은 소금물에 메주를 띄웠다. 그 위에 마른 오가피나무와 옻나무, 숯과 대추, 그리고 마른 고추를 넣었다. 각양각색의 사람들이 서로 어울려 조화를 이루며 살 듯, 빨강 검정 갈색 등 여러 가지 재료가 장맛을 더 해줄 것 같다.

대부분 종갓집이나 전통이 있는 집에서 대대로 내려오는 간장은 씨간장이라고 한다. 어느 명인으로 유명한 종부 집에 360여 년 되어 약처럼 아껴 쓴다는 간장이 있다고 했다. 수많은 세계적인 요리사들과 음식 전문가들이 한국을 방문할 때 가장 먼저 찾는 집이기도 하고, 미국 대통령 만찬 때 쓰였다고도 했다.

우리나라에서 월드컵이 열리던 해 담근 간장이 두어 바가지 정도 남아있다. 어느새 스무 해가 넘었다. 내 나름대로 씨간장이라 생각하며 서너 해마다 한 번씩 장을 담글 때면 국 대접으로 한 그릇씩 섞으며 아껴 두었다.

어린 시절 뒤란 장독대에는 내 키보다 더 큰 간장 항아리가 있었다. 장독대에 있는 항아리 중 제일 커서 언제나 대장처럼 버티고 있었다. 항아리 속이 궁금해서 들여다보고 싶었지만, 키가 닿지 않아 볼 수가 없었다. 초등학교 5학년쯤 되어서야 까치발을 하고서 항아리 속을 볼 수가 있었다.

햇살 좋은 어느 초가을 날 항아리 뚜껑이 열린 것을 틈타 얼른 들여다보았다. 아! 그런데 그 항아리 속에는 간장이 들어있는 것이 아니었다. 금방이라도 뚝뚝 떨어질 것 같은 파란 하늘의 흰 구름과 동글동글한 내 얼굴이 들어 있었다. 지금은 그때 보았던 그 하늘처럼 거울보다 더 맑고 예쁜 하늘을 자주 볼 수가 없다.

간장 담글 때마다 어머니는, 아기 낳았을 때 새끼줄에 숯과 솔가지와 고추를 끼워 대문에 걸어뒀던 것처럼 항아리에 금줄을 둘러놓았다. 초상집을 다녀오거나 궂은일을 당한 사람들은 함부로 들여다보면 안 된다고 했다. 간장 담그는 것도 한 해의 농사인데 잘못해서 부정이라도 타면, 장맛이 변하고 그해 집안에 우환이 끓는다고 걱정을 하셨다.

어머니의 지극 정성으로 담그는 간장은 해마다 잘 되어서, 동네 아주머니들은 단맛이 난다고들 했다. 짜디짠 간장에서 단맛이 난다니 어린 나는 이해가 되지 않았다. 남들이 부러워하는 부잣집도 아니었지만, 어머니는 우리보다 더 어렵게 사는 이웃에게 나누기를 아까워하지 않으셨다. 겨우내 먹던 양식도 떨어지고 긴긴 봄날 먹을 것이 없을 때, 나물이라도 뜯어다가 무쳐서 먹으려면 간장 된장이 필요하다면서 이 집 저 집 아끼지 않고 나누어 주셨다.

얼마 전 사찰음식 만들기로 유명해진 스님을 만난 적이 있다. 십여 년 전 그 스님이 낸 사찰음식에 대한 책에 마음이 끌려 꼭 만나고 싶었던 스님이다. 사찰음식에 대해서 대학 강의도 많이 하고 책도 여러 권 출판해서 매스컴에 자주 나왔다. 절 마당 한편에 수백여 개 되어 보이는 항아리들이 그림처럼 펼쳐져 있었다.

이십여 년 전부터 내가 꿈꿔오던 풍경이다. 넓은 야산 자락에 터를 잡고, 메주 끓이고 장 담그며 사는 것을 원했지만 끝내 이루지 못했다. 이루지 못한 것에 대해 얼마 동안 가슴앓이를 했지만 비록 규모는 작아도 지금의 시골살이에 만족하며 감사히 살고 있다.

많은 세월을 품은 절간 마당의 항아리 속에서는 간장과 된장 고추장이 흘러간 시간만큼 제 몫을 하고 있었다. 유명한 스님의 음식 솜씨를 닮아 보고자 된장과 막장을 조금씩 사 왔다.

며칠 전 항아리 뚜껑을 열어 놓고 이틀 동안 깜빡 잊고 밤에 뚜껑을 닫지 않았다. 비는 오지 않아 다행이었지만 맛있는 간장 만들기가 쉽지 않고, 옛날 어머니의 정성과 인정을 따라가려면 아직도 멀었다는 생각이 든다.

간장 담근 지 스무 이레째 되는 햇살 좋은 오늘 아침, 항아리 뚜껑을 열었다. 제법 짭조름한 간장 익는 냄새가 난다. 맛있게 잘 익어서 옛날 어머니처럼 조금씩이나마 주변 사람들과 나누고 싶다. 동동 떠 있는 대추와 고추 사이로 메주를 닮은 후덕해 보이는 내 얼굴이 비친다.

철귀와 시래기 밥

함박눈이 펑펑 쏟아진다. 아랫목도 윗목도 없이 방바닥이 따끈따끈하다. 그토록 원하던 시골살이 하면서 첫 번째 맞이하는 겨울이다. 오래된 담장 밑 화단에 쌓여가는 눈들이 밖으로 나오라고 자꾸 부른다. 누군가 올 것 같아 괜히 붕 뜬 마음에 들락날락하며 마당가를 서성인다.

눈 내리는 것이 반갑지 않다고 느끼는 순간, 어른이 되는 것이라는데 나는 아직도 철이 덜 들었나 보다. 많은 눈 때문에 주변에서 일어나는 어려움은 뒷전이고 겨울만 되면 마냥 눈을 기다린다.

어린 시절 이맘때쯤이면 찬바람에 문풍지 윙윙대고 북풍받이 문창살에 소복소복 하얀 눈이 쌓였다. 토담집 담벼락에는 김장 끝내고 엮어 달아 둔, 누렇게 퇴색된 시래기가 찬바람에 이리저리 흔들거리며 서걱댔다. 맛있는 김장김치가 물릴 때쯤이면 어머니는 시래기밥을 자주 해주셨다. 먹을 것이 흔하지 않던 그 시절에는 무밥 콩나물밥 등 점심은 고구마로 간단히 넘길 때도 있었다.

초등학교 가는 길 너른 들판 하나 건너 '올챙이 방죽'을 지나면 '명덕산'이 있다. '철귀'는 그 '명덕산' 밑 끝자락에 도깨비 나올 것처럼 으스스한 집에 혼자 살고 있었다. 부모가 어린 자식을 두고 몰래 떠났다는 둥, 어려서부터 어디서 떠돌다 왔다는 둥 '철귀'에 대한 소문은 심심치 않게 떠돌았다. 그의 이름을 간혹 철기라고 부르는 사람도 있었지만 우리 식구들은 '철귀'라 불렀다. 키가 훤칠했고 부리부리한 눈에 머리는 항상 삭발하고 다녔다.

동네에서 '철귀'를 모르는 사람들은 거의 없었다. 그때 나이가 오십 초반쯤 되어 보이는 '철귀'는 청각과 언어 장애가 있었다. 말을 하지도 듣지도 못해서 본인 의사표시할 때는 손짓 발짓하며 큰소리로 웅얼거렸다. 옷은 어제쯤 빨아 입었는지 볼 때마다 칙칙했다. 여름에는 어떻게 지내는지 자주 나타나지 않았지만 겨울에는 열흘이 멀다하고 찾아왔다.

오늘처럼 함박눈이 속절없이 쏟아지는 어스름 저녁이었다. 저벅저벅 오는 발걸음 소리만 들어도 우리들은 그가 누구인지 짐작했다. 얼굴과 손발은 추워서 벌겋게 되고 머리엔 함박눈을 모자처럼 뒤집어쓴 채, 마치 제집이라도 되는 듯 스스럼없이 찾아오는 '철귀'다. 그래도 아버지는 얼른 다가가서 눈을 털어주며 항상 윗방으로 들어가라 했다.

'철귀'는 여기저기 다니며 밥을 얻어먹고 다녔다. 어린 마음에 무섭기도 하고 꾀죄죄한 '철귀'가 자주 오는 것이 싫었지만 아버지는 "엄동설한에 먹을 것이 없으니 오죽하면 오겠냐? 우리 식구 먹는 대로 주면 되니 싫은 내색들 하지 마라."하셨다.

'철귀'가 올 때마다 윗방에서는 아버지와 '철귀'가 겸상했고, 아랫방에서는 어머니와 육 남매가 오밀조밀 머리 맞대고 밥을 먹어야 했다. 그날은 갑자기 윗방에서 식사하던 '철귀'가 큰소리로 웅얼거리는 소리가 들렸다. 손짓 발짓으로 하는 '철귀'의 말소리를 아버지는 잘도 알아들으셨다. 방 윗목에 나락 가마니를 쌓아놓고 왜 이렇게 시래기밥만 해 먹느냐?라고 묻는 말이었고, 본인이 밥 먹으러 올 때마다 거의 시래기밥이었다고 불평을 늘어놨다고 했다.

시래기밥이었지만 추위에 고픈 배를 달랬다는 감사한 마음으로 먹어야지, 얻어먹는 사람이 보리밥 쌀밥 가리냐는 옛말이 틀림없었다. 그래도 아버지는 싫은 내색하지 않고 "저 나락은 많은 식구들이 보릿고개를 잘 넘기려면 내년 여름 햇보리 나올 때까지 아껴 먹어야 된다."라고 '철귀'를 이해시켰다.

그 이후에도 겨울철이면 단골손님처럼 '철귀'는 찾아왔다. 동네 이 집 저 집 다녔지만 싫어하지 않고 시래기밥이라도 배불리 먹여주는 우리 집이 편했나 보다.

올해는 무와 배추 농사를 직접 해서 말린 시래기다. 어린 시절 그때처럼 나는 지금도 직접 기른 콩나물과 시래기로 밥을 자주 해 먹는다. 시래기밥을 먹을 때마다 함박눈 맞으며 저벅저벅 들어오던 '철귀'가 생각난다. 지금 마음 같아서는 시래기밥이 싫다던 '철귀'에게, 눈처럼 하얀 쌀밥을 수북하게 담아 주고 추위를 녹일 수 있는 따뜻한 옷을 한 벌 건네고 싶다.

소리 없이 내리는 함박눈이 적막한 시골 마을에 자꾸 쌓인다. 지금 부엌에서는 시래기밥이 익어가고, 뚝배기 속에서 걸쭉하게 끓고 있는 된장찌개 냄새가 구수하다. 잊고 지낸 수십 년 전의 그때 그 겨울이 시골살이 하는 내 곁에 있지만, 계절은 멈추지 않고 자꾸 흘러가고 있다. 훌쩍 떠나버릴 것 같아 아쉬운 겨울, 이 저녁 누구라도 뽀드득뽀드득 눈 밟으며 오면 좋겠다.

5부

꿈을 이룬 꿈

정정숙

5부

꿈을 이룬 꿈

꿈을 이룬 꿈

'드르륵' 미닫이문을 열고 보건실에 들어섰다. 늦가을이지만 날씨가 흐려서인지, 아홉 시가 가까워지는데도 아직은 어둑하고 썰렁하다. 오늘은 "수고하셨어요."라는 인사말과 함께 늘 상냥한 미소로 반겨주는 보건 선생님이 안 계시는 날이다.

초등학교 방역 도우미 활동하면서 아이들 등교 시간에 맞추어 발열 체크하고, 나머지 시간은 보건실에서 보건 선생님을 도우며 보조 일을 하고 있다. 1학년에서 6학년까지 결석생이 있는지 확인해서 보건 선생님께 알리고, 아이들이 위층 아래층으로 다니며 자주 손이 닿는 문의 손잡이, 계단의 난간 등을 알코올로 소독하고 닦는 일을 한다.

요즘 초등학교 아이들은 야외에서 체험학습을 많이 했다. 체험학습 나간 날은 왁자지껄 떠들던 아이들이 없어서, 각자의 책상 옆에 걸려 있는 가방들이 쓸쓸해 보이기까지 한다. 그 순간 나는 초등학생이 되어 텅 비어있는 일 학년 교실 맨 앞자리에 조심스레 앉아 본다.

철수, 영이, 바둑이, 옷, 책 등 내가 초등학교 다닐 때 일 학년 국어책에 쓰여 있던 낱말들은, 잊고 있던 나의 추억을 일 학년으로 되돌려 놓는다. 아무도 없는 음악실에서 피아노도 쳐본다. 가장 좋아하는 〈섬집 아기〉, 〈고향의 봄〉, 〈나뭇잎 배〉 등 혹여 다른 반 수업에 지장이 있을까 봐 한 손으로 건반을 가만가만 눌러본다.

초등학교 다닐 때 선생님들에게 '풍금 귀신'이라는 말을 들을 정도로 풍금 치는 것을 좋아했다. 그 당시 시골이라서 학교에 풍금이 한 대밖에 없었다. 풍금은 음악 시간에 따라 이 교실 저 교실로 옮겨 다녔기에, 방과 후가 되면 어느 교실에 풍금이 있나 하고 찾아다니며 풍금을 쳤다.

그리고 졸업할 무렵 선생님들 모시고 하는 '사은회'의 장기자랑 시간에, 친구들이 노래 부를 때 담임선생님께서 나에게 풍금을 치라고 하셨다. 제대로 배우지 않아 뛰어난 실력도 아니지만 어린 나에게 용기를 주기 위해서였을 것이다. 그 후, 부모님에게 풍금을 사달라고 졸랐지만 허사였다. 그 시절의 형편으로 시골에서 풍금을 산다는 것은 도대체가 말이 되지 않는 호사스러운 일이었기에.

유년 시절 풍금을 마음대로 칠 수 있는 초등학교 선생님이 되는 것이 꿈이었다. 어려운 현실에 이루지 못했지만, 바다를 좋아했던 나는 작은 섬마을에서 몇몇의 아이들과 함께 생활할 수 있는 촌스럽지만 소박하고 순수한 그런 선생님이 되고 싶었다.

오늘은 보건 선생님의 출장으로 혼자 보건실에 있다. 내가 해야 할 일과 몇 가지 당부 말씀을 적어 주고 잘하시리라 믿는다는 칭찬이 있었지만, 덩그러니 혼자 있는 잠깐의 시간마저 온 세상이 텅 빈 것처럼 선생님의 부재가 크게 느껴진다. 다섯 달 동안 정이 많이 들었나 보다. 늘 함께하는 오전 시간이 담임선생님처럼 든든했는데.

다행이랄까? 다른 날은 어디 어디 아프다는 아이들이 많이 왔다. 마치 보건 선생님이 안 계신 것을 알기라도 하듯, 오늘은 다섯 명밖에 오지 않았다. 상처가 나서 온 아이에게는 연고를 발라 밴드를 붙여주고, 배가 아파서 온 아이에게는 원적외선 불을 쬐어주었다. 그리고 머리가 아프다는 아이들에게는 우선 열 체크하고 열이 심하지 않아 침대에 누워있게 했다. 어깨너머로 배운 것을 어쭙잖은 대역으로, 마치 보건 선생님이 된 양 으쓱하며 책임감 있게 아이들을 돌봤다.

열한 시쯤 넘어서 보건실 소독과 정리 정돈을 끝냈다. 보건 선생님이 안 계시니 보건실에 있는 의미가 없다는 듯, 머리 아프다고 누워있던 아이도 배가 아파서 불을 쬐던 아이도 금방 다 나았다며 가고 없다. 공부하기 싫어 걸린 꾀병인 듯도 싶다. 평상시에도 진짜로 아파서 오는 아이들은 별로 없었으니까. 더 이상 아프다고 오는 아이들이 없어 조용한 보건실은 시간이 멈춘 듯했고, 휴대폰을 들여다보던 눈꺼풀의 무게가 돌처럼 무거워진다.

가을 햇살에 유난히 반짝이며 잘게 부서지는 파도가 밀려왔다 밀려간다. 지원이, 채현이, 나래 그리고 현수 등 아이들과 함께 바닷가로 야외 체험 학습을 나갔다. "엄마가 섬 그늘에 굴 따러 가면" 언제 봐도 동그란 눈이 예쁘고 인사를 잘하는 지현이가, 티 없이 맑고 고운 목소리로 〈섬집 아기〉 노래를 부르며 예쁜 소라 껍데기를 한 움큼 들고 온다.

천둥벌거숭이 같은 성격을 지닌 현수는 넓게 펼쳐진 모래밭에, 날아가는 갈매기와 등대를 본인 성격처럼 거칠게 그려냈다. 갈매기 한 마리에 날개를 세 개씩 그려놓은 것을 보니 역시 까불이답다.

더욱 놀라운 것은 "맨발로 바닷가를 거닐었습니다. 철썩이는 파도 소리가 한 번은 하느님의 통곡으로, 한 번은 당신의 울음소리로 들렸습니다." 다른 아이에 비해서 약간 자폐가 있어서 수업은 뒷전이고 틈만 나면 밖으로 배회하던 나래가, 이해인 수녀님의 〈바닷가에서〉라는 시를 외우며 걷는다. '저 아이가 언제 저렇게 성장했을까?' 볼 때마다 걱정했는데 의젓해진 나래의 모습에 흐뭇하고 마음이 따뜻해진다.

도란도란 아이들과 실컷 즐기고 모두가 기다리는 도시락 먹을 시간이다. 갈매기가 그려진 돗자리 위에 정성스럽게 싸간 김밥과 과일을 담은 그릇의 뚜껑을 열었다. 알록달록 색깔이 예쁘다.

먹음직스러운 김밥 하나를 막 입에 넣으려는 순간, 채현이가 소리쳤다. “선생님! 그거 먹으면 안 돼요.” 깜짝 놀라 정신이 번쩍 들어 잠에서 깨어났다. 3교시 수업이 끝나는 음악소리와 함께 누군가 선생님을 부르며 드르륵 보건실 문을 연 것이다. 아! 그것은 꿈이었다.

천진난만한 아이들과 긴 생머리가 바람결에 날리던, 젊고 예쁜 섬마을 여선생님은 어디로 갔을까? 비록 짧은 순간의 꿈이었지만 짜릿하게 꿈을 이뤘다. 잊고 살았던 아주 오래전 꿈을 …….

행복의 잣대

얼굴은 열기로 가득하고 몸이 후끈 달아오른다. 시들거리던 온몸의 세포가 스멀스멀 꿈틀거리며 곤두서는 듯하다. 벌겋게 불이 붙은 소나무 장작이 용트림하듯 거센 불꽃을 뿜어대며, 아궁이 속으로 깊게 빨려 들어간다. 타닥타닥 장작 타는 소리와 소나무에서 풍기는 은근한 송진 향내가 좋다.

시골집에 살면서 아궁이 불 때는 것이 작은 소망이었는데, 새로 이사 온 집에 시골의 묘미라 할 수 있는 아궁이 온돌방이 있다. 옛 시절엔 힘들고 불편했던 일이 지금은 하고 싶어도 쉽게 할 수 없는 일이 되어버린 아궁이. 일부러 만들지 않고서는 요즘 시골에서도 보기 드문 아궁이에 얼마나 오랜만에 불을 지펴 보는가.

전에 살던 사람들이 너무 오랫동안 비워두고 방치해서 아궁이 주변에는 치워야 할 온갖 쓰레기와 필요치 않은 짐들이 가득했다. 먼지와 시커멓게 그을린 이곳을 어디부터 어떻게 정리해 나가야 될지 난감했다. 그토록 하고 싶던 아궁이 사용하는 것을 포기하고 싶을 정도로 엄두가 나지 않았다. 하지만 어지간한 일을 두려워하지 않는 남편과 나는, 한나절 동안 아궁이 주변을 치우고 나무를 쌓아 둘 곳까지 야무지게 만들어 놓았다.

아직 장작 준비를 못 했기에 땔나무가 없어서 우선, 주변에 널려있는 나무토막과 널빤지 조각 등을 주워 불을 때기 시작했다. 아침저녁으로 하루에 두 번씩 이틀을 땠지만, 전혀 따뜻해질 기미가 보이지 않더니 사흘째 되던 날 밤, 드디어 두껍던 구들이 달구어졌는지 맨발로는 방바닥을 디딜 수가 없이 뜨거웠다.

아! 바로 이거야. 어릴 때 아버지는 뉘엿뉘엿 해가 넘어갈 때쯤이면 큰 가마솥에 쇠죽을 끓이셨고, 올망졸망 우리들은 뜨끈한 방에서 어머니의 옛날이야기 들으며 행복해하던 추억이 떠올랐다. 입담이 좋았던 어머니는 전해 내려오는 이야기도 실제로 경험한 것처럼 재미있고 실감나게 했다. 그 시절 작고 나지막한 방 아랫목은 너무 뜨거워서 방바닥이 짙은 갈색으로 변할 정도였다.

이 좋은 느낌을 어찌 혼자 즐길 수 있을까. 마침 볼 일이 있어서 우리 집에 와야 될 막내 동서 내외와 시누이를 불렀다. 처음엔 하룻밤만 자고 갈 계획이었지만 온돌방의 매력에 빠져서 이틀 밤을 지냈다.

동서 내외와 시누이는 이틀 밤을 지지고 뒹굴며 너무 좋다고 방을 가져가고 싶다고 호들갑을 떨었다. 다리뼈를 다쳐 뼈에 철심을 넣고 몇 달째 고생하고 있는 동서는, 뜨거운 방 덕분에 혈액순환이 잘 되어 아픈 부위가 부드럽고 편해졌다며 좋아했다. 그래서 한 해 겨울쯤 땔 수 있는 장작을 기어이 본인이 사주고 싶다며 흔쾌히 장작값을 지불했다.

이 집에 기름보일러도 설치되어 있지만 높고 넓은 집안을 훈훈하게 하기에는, 고공 행진하는 기름값 때문에 온수만 쓰게 되고 순간순간 전기장판에 의지해야 되었기에 집안 공기는 썰렁했다. 하지만 이제는 아니다. 힘들었지만 험하고 지저분했던 아궁이 치우기를 잘했다며 남편은 가끔씩 공치사를 한다.

아침마다 하루에 한 번만 불을 때도 이튿날 아침까지 뜨끈뜨끈 식을 줄 모르는 이 온돌방은, 꽤 두꺼운 구들이 깔려 있나 보다. 서너 평 되는 방안의 벽이나 천장도 시멘트가 전혀 쓰이지 않고 황토와 나무로만 만들어진 방이다. 아궁이에 장작이 타고 남은 숯은 숯불구이 화로에 가득 담아서 거실에 옮겨놓고 고구마, 밤, 오징어 등 구워 먹는 재미는 무엇에 비할까.

첫 손님으로 세 사람이 다녀간 이후로도 다른 형제들,

친구들, 지인들 여러 팀을 불렀다. 본인의 여건에 따라 하룻밤이나 이틀 밤을 자고 간 사람, 뜨끈한 방에서 한나절만 뒹굴며 땀을 빼고 간 사람 등 오는 사람들마다 모두 좋아했다. 덩달아 내 기분도 좋다. 내 몸이 조금 힘들어도 내가 좋아하는 여러 사람들이, 내가 만들어 준 음식을 먹고 뜨끈한 온돌방에서 찜질하고 좋아하는 모습을 보면 내 마음은 더욱 즐겁고 흐뭇하다.

오늘 아침도 군불을 때려고 지푸라기와 폐지에 불을 붙였다. 불쏘시개를 만들기 위해 이런저런 잡다한 종이를 불 속에 던졌다. 상대방의 흉허물을 캐고 드러내서 본인을 돋보이게 하는 사람들, 이, 윤, 심, 안, 허 씨 등이 본인들만의 장점을 내세워 국민들을 잘 살게 해 주고, 이 나라를 부강한 나라로 만들겠다는 대통령 선거 홍보 용지가 순간에 아궁이 속으로 빨려 들어간다.

무려 열네 명이나 되는 사람들이 오로지 나라와 국민을 위해 일하겠다는데, 전혀 공감은 가지 않지만 다시 한 번 믿어보자. 가족들의 비리 사건으로 옷을 벗게 된, 잘생기고 똑똑해 보이는 어느 장관의 모습이 실린 신문지도 맥없이 불 속으로 사라진다.

온갖 부조리와 남들이 알아서는 절대 안 될, 본인의 주변 사람들과 가족의 평생 지울 수 없는 치명적인 이야기들. 지금도 대단한 위치에 있으면서 더 큰 권력을 누리기 위해서 욕심을 부리기에, 세상 사람들이 몰랐던 사실을 알게 되고 욕된 소리를 듣고 있겠지. 사람마다 행복의 잣대가 다르겠지만 그들이 부럽지 않음은 나만의 생각일까?

권력이 없어 남들이 알아주지 않고 머리 싸매고 이리저리 빼돌릴 많은 재산이 없기에, 아무런 욕심과 복잡한 생각 없이 뜨끈한 방바닥에 누워본다. 무념무상이다. 심신이 이렇게 편할 수가 없다. 나와 내 가족들을 향한 터무니없는 소문과 좋지 않은 이야기로 내 사진이 실린 신문이나 잡지가 순간에 불쏘시개로 타버릴 염려도 없다.

온돌방 창 너머에 보이는 대추나무 사이로 희끗희끗 눈발이 날린다. 작은 눈송이 하나도 반가워서 벗이 되고 싶은 날, 누구라도 와서 땀 흘리고 피로를 풀며 즐기고 가면 좋겠다. 근사한 이 집을 내 것으로 소유하지 않았어도, 이 집에서 살고 있는 동안 철 따라 자연이 주는 변화를 한껏 느끼며 소박하지만 따뜻함을 내어주는 아궁이 앞에서 무한한 행복을 누려본다. 이럴 때 소리 없이 함박눈이 소복소복 내려주면 더욱 좋겠지.

전생에 나는

얼굴은 자세히 보이지도 않는다. 하지만 듣는 순간 그녀의 목소리임을 알았다. 지난 삼월 중순 새벽녘이다. 매일 아침 기상시간보다 조금은 일렀지만 '카톡' 하는 소리와 함께 동영상 하나가 날아왔다. 깜짝 놀라 번쩍 잠이 깨었다. 튀르키예에 살고 있는 큰딸이 보낸 영상이다.

그 나라 대통령과 고위 관직들, 그리고 삼만여 관중 앞에서 전혀 떨림도 망설임도 없는 그녀 특유의 카랑카랑한 목소리였다. 중간중간 그의 말이 끝날 때마다 격하게 환호하는 관중들의 함성에 가슴이 울컥하며 온몸에 전율이 느껴졌다.

우리나라 기업의 기술력이 새로운 역사를 이뤄냈다. 튀르키예에서 유럽과 아시아를 잇는 '차낙칼레'라는 대교를 세웠다. 현수교로서는 세계에서 가장 긴 다리라고 한다. 여러 나라 컨소시엄을 거쳐 다리 공사를 잘한다는 일본이 하기로 결정되기 직전, 일본을 제치고 우리나라 두 개의 기업에서 수주를 따냈다 한다. 얼마나 통쾌한 일인가.

그렇게 의미 있는 다리의 개통식에 튀르키예 대통령과 우리나라 대통령의 친서를 들고 간 국무총리가, 함께 동승한 차량이 첫 번째로 다리를 건넜다고 한다. 우리나라에서 설계부터 시공까지 뛰어난 기술력으로 이뤄낸 결과이리라.

딸아이는 외교관이 된 후 통역은 하지 않았다. 하지만 우리나라에서 이뤄낸 너무 큰 행사라서 대통령까지 참석하고 튀르키예 국민들이 들뜬 마음으로 텔레비전 앞에 앉았다. 그만큼 중요한 자리여서 개통식의 경축사를 할 때, 튀르키예어를 가장 알아듣기 쉽게 잘하는 사람이 통역하라는 튀르키예 대통령의 특별지시를 받고 딸아이가 뽑혔다. 그녀 특유의 카랑카랑한 목소리는 우리나라 총리가 낭독하는 경축사를 벅차오르는 감정과 억양까지 그대로 전달했다.

온 세상을 위축시킨 바이러스로 인해 여러 가지 어려움이 많았지만 공사기간 4년여 끝에 한 건의 사고 없이 마무리 지었다고 했다. 세계에서 가장 긴 현수교를 경축하는 행사라서 CNN 등 각국 외신 기자들과 많은 사람들이 참여했지만, 대통령 대신 참석한 우리나라 총리와 50

여 명이 넘는 기자단들에게 튀르키예 부통령의 전용기를 제공하며 월드 스타 못지않은 파격적인 대우를 했다고 한다.

긴 다리가 끝없이 이어진 곳에 하늘 높이 우뚝 솟은 자랑스러운 대한민국의 태극기와 튀르키예 국기가 나란히 삼월의 바닷바람을 타고 힘차게 휘날리는 모습에 가슴이 벅차오른다. 튀르키예 대통령과 국민들의 마음을 사로잡으며 통역하는 딸아이가, 태극기를 흔들며 대한독립 만세를 외치던 유관순 열사처럼 대단한 애국자로 보인다. 차낙칼레 대교 위에 높이 솟아오른 벌룬 만큼이나 내 마음도 두둥실 떠오른다.

"할머니 일본 좋아해요?" 작년 이맘때, 튀르키예에 살고 있는 다섯 살짜리 손주가 태극기를 그리며 영상통화를 하던 중 대뜸 묻는다. 순간, 이 녀석이 어떤 대답을 기대하며 묻는 것일까? 다섯 살짜리가 이해할 수 있는 대답이 무엇일까? 망설이던 중 손주 녀석이 먼저 얘기한다. "난 일본을 싫어해요"라고 거침없이 말했다. 왜 그러냐고 묻자 일본이 전쟁을 일으켜서 사람들을 잡아가고 한국을 빼앗아갔기 때문이라 했다.

물론 제 엄마가 이야기를 해 줘서 알았겠지만, 일본이라는 나라가 어떤 나라인지 전쟁이라는 것이 무엇인지 제대로 알고나 하는 말인지 기특하다. 아직 선을 곱게 그리지 못해 삐죽삐죽 삐져나온 태극기의 가운데 태극문양이,

뿔난 것처럼 그려지고 건, 곤, 감, 리, 중 곤과 감의 위치가 바뀌어 그려졌다.

위치가 바뀌고 태극문양이 뿔처럼 그려지면 어떤가. 아직 다섯 살 밖에 안 됐는데. 제대로 다 알지는 못해도 일본을 싫어한다며 태극기를 그리는 모습에 어린 애국자를 보는 것 같아 또 한 번 가슴이 뭉클하며 눈물이 핑 돈다.

외국에 나가면 애국자가 된다 했던가. 십 수 년 전 처음으로 튀르키예에 갔을 때의 일이다. 딸아이가 근무하는 한국대사관에 들어가려다 말고 깜짝 놀랐다. 대사관 입구 정문에 너무나 작은 글씨로 '대한민국대사관'이라는 글씨 위에 오백 원짜리 동전 크기보다 조금 큰 태극 문양이 그려진 것을 보았다. 보는 순간 울컥했다.

태극 문양을 보고 반가움도 있었지만, 너무 작은 크기라서 괜히 우리나라가 작은 나라여서 그런가 싶었다. 내 생각엔 자랑스러운 대한민국 태극기가 하다못해 바둑판 크기만이라도 해야지 될 듯싶었다. 나중에 알게 되었지만, 나라의 크고 작음에 관계없이 잘 살고 큰 나라도 국기를 작게 그려 놓은 곳이 있다고 했다. 그 말을 듣고서야 마음이 조금 가라앉았다.

하지만 미국이나 영국 등 잘 사는 나라의 대사관은 규모가 얼마나 큰지 담장 밖을 차를 타고 돌아야 정문에 도착할 수 있지만, 우리나라 대사관은 겨우 삼백여 평 남짓에 3층 건물로 초라해 보였다. 마음 같아서는 두 배 세 배 아니 열 배쯤 넓은 땅에 우리나라 대사관이 자리하고 있으면서, 정문에 큰 태극기가 있다면 얼마나 뿌듯하고 좋을까 생각도 해봤다. 지금은 땅 넓이는 그대로지만 두 해 전에 새로 건축하였다는 멋진 건물이 자리를 잡고 있다. 공항에서 방역도 수월해졌으니 자유롭게 갈 날만을 기다린다.

지난해 겨울 지인들을 초대해서 저녁 식사할 때의 일이다. 경찰공무원으로 있는 지인의 유난히 깔끔한 정복 차림이 눈길을 끌었다. 나의 젊은 시절도 남편의 출근길에는 항상 말끔하게 다려진 와이셔츠를 입혔다. 그 시절을 떠올리며 경찰 지인이 입은 와이셔츠 소매 끝부분에서 이상한 무늬가 새겨져 있는 것을 보았다. 하얀색 바탕에 하얀색으로 무늬를 넣어 새긴 태극기였다. 소매 양 끝에 일자형으로 태극기가 자수로 새겨져 있었다. 가운데에 태극 문양이 있고 건 곤 감 리 사괘가 가로로 배열되어 있었다. 그것을 보는 순간, 나는 또 대한민국 국민이라는 자긍심과 애국심에 희열을 느끼며 가슴이 울컥했다.

마음을 진정시키며 옷소매를 또 들여다보는 나에게 지인이 살짝 말해줬다. 6년 전 경찰의 제복이 바뀔 때, 비선실세로 국정농단에 오르내려 나라를 떠들썩하게 했던 사람이 추천해서 만든 것이라고. 그 말에 마음이 조금은 내키지 않았지만 누가 한들 어떠랴, 국민들과 국가를 위해 헌신하는 경찰 제복에 태극 문양이 새겨져 더 믿음직스러워 보이고 애국심이 깊으면 됐지. 깔끔한 태극 문양 옷소매에 지인의 손목이 더욱 빛나고 든든해 보였다.

우주의 삼라만상이 담겨있는 태극기. 광복을 위해 싸우던 사람들 품속에 숨겨져 꼬깃꼬깃 구겨진 태극기, 독립을 맞이한 순간에 북받쳐 오르던 설움을 날려버리듯 만세를 외치며 힘껏 흔들던 태극기, 국경일에 도로가에 줄지어 늘어선 태극기, 초등학교 국어책에 나와 있는 아주 작은 태극기, 등 언제 어디서나 태극기만 보면 가슴이 벅차오르고 유난히 애국심이 끓어 감정을 주체할 수가 없다. 아마도 전생에 나는 나라를 구한 어떤 용맹스러운 장군이었으리라.

비상선언

천둥보다 더 요란한 소리에 고막이 터질 듯하다. 꽉 잡은 두 손에 땀이 고이고 금방이라도 내 몸은 의자 밖으로 튕겨져 나갈 기세다. 360도 회전하는 비행기 안에서 승무원과 승객들은 비행기 천장으로 솟구쳤다 떨어지고, 이리저리 창문에 부딪힌다. 머리 위에 짐들도 온통 튕겨져 나와 막무가내 흩어진다.

박사학위까지 받았지만, 정신 상태가 불안정한 젊은 테러범이 한꺼번에 많은 사람들을 죽이고 싶은 묘한 충동에 빠진다. 그는 비행기를 목표로 삼는다. 150여 명을 태운 비행기 안에 생화학 바이러스를 살포하고, 사람들은 온통 혼란에 빠지며 승객들은 하나둘 피를 토하며 죽어간다. 그리고 비행 중 가장 중요한 조종사가 바이러스에 감

염되어, 처참하게 사망하는 바람에 비행기는 길을 잃고 급속도로 하강한다.

비행기 안에 다 퍼져버린 죽음의 바이러스 때문에 승객들은 계속 피를 토하고 온몸에 벌건 수포가 생기며 죽어가는 견딜 수 없이 긴박한 순간이다. 비행기 안은 아비규환이다.

이런 위급 상황에서 살아있다 해도 이미 바이러스에 노출되어 몸과 정신이 온전치 못한 부조종사가, 비상선언을 선포하고 비행기를 어디든 착륙하려 한다. 하지만 미국도, 일본도 모두 착륙을 거부한다. 어찌어찌 천신만고 끝에 한국 공항까지 왔는데, 한국에서도 두 부류의 사람들이 나뉘어 논쟁을 벌이게 된다.

가족이 탑승해 있는 사람들은 당연히 비행기 착륙을 위해 온갖 노력을 한다. 하지만 다른 사람들은 빠른 속도로 퍼져가는 죽음의 바이러스가 두려워, 절대 착륙하면 안 된다며 수많은 인파가 몰려와 결사반대한다. 마지막 한 가닥 희망을 안고 돌아온 고국에서마저 이런 상황이라는 것을 알게 된 승객들은, 사랑하는 가족들에게 바이러스를 옮기지 않기 위해 착륙하지 않고 그냥 비행기 안에서 모두 죽기로 한다.

모든 것을 포기한 사람들은 마지막이라며 집에 있는 가족들과 통화를 한다. 부부 사이, 부모 자식, 형제 사이 등 그동안 쉽게 하지 못했던 말 "사랑한다."라는 말을 할 때는 내가 죽음의 문턱에서 가족들과 마지막 인사를 하는 것처럼 울컥 목이 메었다.

얼마 전 〈비상선언〉이라는 영화를 봤다. 배경 음악과 효과음들은 긴박한 상황 속에서 숨도 크게 쉴 수 없이 가슴을 조여 왔다. 항공 재난 상황을 다룬 스릴 넘치는 영화였다. 영화에 너무 몰입해서 보는 그 순간, 나도 비행기 안의 승객이 되어 혼돈과 어지러움에 정신을 차릴 수가 없었다.

〈비상선언〉이란 '재난 상황에 처한 항공기가 더 이상 정상적인 운항이 불가능하여, 어디서든 무조건적인 착륙을 요청하는 비상사태'를 뜻하는 항공 용어 라고 한다. 비행기 안은 물론이고 지상까지 혼란과 공포에 떨게 한 영화는, 마지막 몇 장면이 늘어져 재미가 덜 했지만 결론은 해피엔딩으로 끝났다.

영화가 끝나자마자 20여 년 이상을 조종사로 일하고 있는 두 조카가 생각났다. 큰 조카에게 영화 포스터를 카톡으로 보내면서 물었다. "혹시 비행 중?" "고모 지금 준비중인데 어인 일이십니까?" 바로 답이 왔다. "이 영화 봤어? 너무 스릴 만점이야" "아 그래요? 시간 내서 꼭 볼게요." 하며 본인이 조종할 비행기 사진을 찍어서 보내왔다. "영화의 긴박했던 순간을 멋지게 조종한 이병헌 얼굴에 정재승 얼굴이 자꾸 오버랩 되어서 ……. 조심히 잘 다녀와" "ㅎㅎㅎ넵." 20여 년 이상 운행한 베테랑답게 든든하다.

실제 상황도 아니었는데 내가 너무 몰입했나 보다. 비행기 안의 바이러스가 내 몸에 달라붙어 온몸은 벌겋게 물집이 생길 것 같고 가려운 것 같다. 집에 오자마자 머리부터 발끝까지 씻고 또 씻었다. 빠른 시일 내에 큰딸에게 가고 싶은데, 이 영화의 끔찍한 장면들이 떠올라 당분간 비행기는 못 탈 듯싶다.

비상선언이라는 말이 꼭 항공 용어로만 쓰일까. 영화 속 이야기처럼 목숨과 바꿀 일이 아닌 하찮은 일에도, 불가피한 인간관계에서 서로 큰 상처를 주어 마음속에 분노가 차오를 때가 있다.

다른 환경에서 성장한 사람이 만나 수십 년을 함께 살면서 마음이 맞지 않아 투닥거리며 살아가는 부부 사이, 친구나 가족 간의 서로 이해할 수 없는 갈등과 불화 등, 어느 가정이든 크고 작은 일에 비상 선언할 일이 있을 것이다. 인간관계와 가정생활의 비상선언, 말처럼 쉽지 않은 일이기에 심호흡으로 내면에 응어리진 것들을 하나씩 토해낸다. 거친 파도처럼 출렁이는 울분과 말 못 할 서러움을 잠재울 때도 있다.

삶이란 항상 즐겁고 행복하게만 살 수 없으므로, 제대로 착륙할 수 없다면 서로 인내하고 화해하며 살아갈 수밖에 없을 것이다. 그러기에 가슴속 깊은 곳에 사리(舍利) 하나 쌓으며, 가끔씩은 나도 비상선언을 하고 싶어질 때가 있다.

현관 앞의 파수꾼

저만치서 여자아이들 재잘거리는 소리가 들린다. 곧이어 열댓 명의 아이들이 "안녕하세요?" 인사하며 활기찬 모습으로 현관 안으로 들어온다. 대부분 혼자 오는 아이들이 많지만, 이렇게 여럿이 어울려 올 경우는 노란색 통학버스를 타고 온 아이들이다. 처음엔 여러 아이들이 한꺼번에 몰리면 하나하나 관심을 가지고 볼 수가 없었지만, 지금은 내가 지켜보거나 시키지 않아도 스스로 열 체크하고 손 소독도 잘한다.

초등학교에서 방역 도우미로 10개월 동안 일을 했다. 코로나 때문에 생긴 일자리다. 아침마다 아이들 등교 시간에 맞춰 학교 현관 앞 열 체크기 앞에서 열 체크를 잘하는지 확인하고, 마스크 제대로 쓰게 하며 손 소독을 잘

할 수 있도록 도와주는 일이다.

그러기에 20여 명의 선생님과 230여 명의 아이들을 날마다 마주했다. 현관을 거쳐야만 선생님들은 교무실로, 아이들은 교실로 들어갈 수 있기 때문이다. 출·퇴근 시간이 조금씩 달라 오히려 선생님들끼리는 서로 마주 볼 날이 없을 수도 있지만, 매일 아침 현관 앞에서 파수꾼처럼 선생님들과 아이들을 지켜보는 나는 모두 다 볼 수가 있다. 그러다 보니 선생님과 아이들의 성격이 하나둘씩 눈에 들어온다.

점잖고 깔끔함과 자상함이 아이들 하나하나에 관심을 보이는 친절이 몸에 밴 교장 선생님. 언제 봐도 다정다감하며 마스크 위로 보이는 작지만, 지적인 눈과 이마는 어느 영화배우를 닮았다. 마치 형제처럼 성함도 비슷하다. 성격이 차분해서인지 여자 선생님들보다 더 곱게 인사를 하신다.

사십 대 후반이지만 뽀얀 피부가 한결 돋보여 더욱 여성스러운 교감선생님. 아침마다 인사하며 느끼지만 목소리에 상냥함이 묻어나고, 매끄럽고 고운 살결은 어린아이 피부 같다. 그래서인지 옷 색상도 무늬가 없이 깔끔한, 거의 단색 옷을 즐겨 입는다.

젊은 나이에 여성으로서 교감 선생님이라는 직책이 가끔은 부럽기도 하다. 유독 상냥한 말씨와 항상 바쁘게 걷는 걸음에서 그분의 부지런한 삶이 느껴진다.

성격이 굉장히 급한 젊은 남자 선생님이 있다. 현관 앞에서 실내화로 갈아 신는 순간에도, 얼마나 급한지 실내화 꺼내기도 전에 구두가 이미 현관 안으로 날아 들어올 때가 있다. 아이들 출석 체크하기 위해서 교실 문을 두드림과 동시에, 미처 문을 열지도 않았는데 "우리 반 오늘 결석생 없습니다."한다. 급한 성격만큼이나 답답하지 않게 신속 정확하게 일 처리도 잘하시는 것 같다.

아버지처럼 인자해 보이는 두 남자 선생님은, 볼 때마다 아이들이 팔과 허리를 잡고 귀찮을 정도로 졸졸 따라다닌다. 아이들에게 최고 인기 있는 선생님들 같다. 호되게 야단칠 때도 있지만 '누울 자리 봐서 발 뻗는다'고 아이들은 그래도 좋은가 보다. 부담 없이 매달리며 따라다니는 모습이 참 보기 좋다.

전혀 웃음기 없는 새침데기 젊은 여자 선생님도 있다. 인사를 하는 둥 마는 둥 고개를 꼿꼿이 세우고 다니는 것을 보면, 자존심이 높고 푸른 가을 하늘보다 더 높아 보인다. 아무런 근심도 걱정도 없이 본인 뜻대로 사는 것 같다. 젊고 당당한 패기가 부럽다.

아이들 체험학습으로 추석 무렵에는 송편 만들기도 하고, 감자, 콩, 옥수수 등을 심고 가꾸는 일을 담당하고 있는 여자 선생님은, 어머니처럼 소탈하고 밝고 명랑한 성격이다.

아이들의 고충을 상담해주는 조신하고 차분해 보이는

상담 선생님도 있다. 내 눈엔 아직 어린아이들로만 보여 무슨 고충이 있겠나 싶지만, 집안일과 친구 간의 문제 등 상담하러 오는 아이들이 꽤 있다고 한다. 아이들의 행동 하나하나 놓치지 않고 꼼꼼히 챙기는 것을 보면 상담 선생님답다.

막걸리 만드는 솜씨가 뛰어나 어느 대회에서 여러 차례 수상까지 하고, 이해심과 마음 씀씀이가 넓어 누구라도 다 포용해 줄 것 같은 교무담당 선생님도 있다. 항상 든든하게 자리를 지키고 교무실에서 해야 할 일은 친절하고 서슴없이 잘 도와주는 선생님은, 알고 보니 나와 사돈지간이었다. 그래서 더 정이 갔다. 세상은 참 넓고도 좁다. 여러 차례 막걸리 선물을 받을 수만 없어서 막걸리 만드는 방법을 배우고 싶지만 여의치 않다.

마스크를 썼을 때는 괜찮아 보여도 마스크 벗었을 때 모습은 엉뚱한 사람들이 꽤 있다. 그동안 마스크로 가려져 볼 수 없었지만, 장 선생님은 입모양이 정말 예쁜 선생님이다. 볼수록 야무져 보이고 복이 다 들어 있는 듯한 입모습이다. 내가 그 선생님에게 마음이 끌린 것은 예쁜 입모습뿐이 아니었다.

그 선생님은 내가 본 선생님 중 가장 선생님다운 선생님이다. 어느 날 본인이 담임하지 않은 고학년 학생이, 교칙에서 벗어난 행동을 하는 것을 보고 엄하게 타이르는 것을 보았다. 요즘 담임선생님이라 할지라도, 아이들에게 제대로 큰소리 한 번 할 수 없는 것이 현실이다. 그러기에 잘못하는 아이를 타이른다는 것도 쉽게 할 수 있는 일이 아니었다.

그 일뿐만이 아니다. 얼마 전에는 본인이 담임하고 있는 일학년 아이가, 무슨 일로 울고 있는지 아무도 없는 복도 한쪽으로 데리고 나왔다. 그리고 그 아이의 눈높이에 맞추어, 복도 바닥에서 두 무릎을 꿇고 오랫동안 그 아이를 꼭 안아 주는 모습을 보았다. 그 옆으로 지나가야 할 일이 있던 나는, 차마 그곳을 가지 못하고 보이지 않는 곳에서 한참을 지켜봐야 했다.

말없이 아이를 껴안고 다독거리는 모습에 내 마음까지 뭉클하며, 그 선생님의 인격과 성품이 한층 더 돋보였다. 아이들 지도에 있어서 사리에 밝고 정확한 교육자로서 최근 교육부 장관상 까지 수상하였다.

코로나가 잠잠해지면서 방역 도우미가 필요치 않을 것 같더니 지난달부터 또다시 기승을 부린다. 학교 아이들도 제 확진자가 나오기 시작했다. 2학기 때엔 선생님들과 아이들을, 바이러스 때문에 현관 앞을 지키는 파수꾼이 아닌, 그냥 친한 사이로 만났으면 좋겠다.

방학 3주째 되어간다. 상냥하고 인사 잘하던 윤솔이, 불면 날아갈 듯 코스모스처럼 야리야리하고 날마다 봐도 누가 언니이고 동생인지 알 수 없는 일학년 쌍둥이, 볼 때마다 허리를 구십 도로 구부려서 인사하는 소연이, 입학

초에 두어 달 동안 나만 보면 어디 어디 아프다고 어리광부리며 울던 유진이, 시도 때도 없이 까불던 승민이 등, 개구쟁이들이 눈앞에서 아른거린다.

이런저런 선생님들과 재잘거리던 아이들의 얼굴이 떠오르지만, 그래도 열 달 동안 선생님의 업무를 도우며 늘 가까이서 함께 하던 보건 선생님이 먼저 생각난다. 모든 일 처리에서 꼼꼼하고 빈틈없이 잘했으며 영특하고 예의가 바른 분이다.

아무리 업무가 바빠도 내가 하는 이야기를 잘 들어주었고, 내 일이라면 작은 일도 흔쾌히 나의 입장을 이해하고 배려해 주었다. 젊은 선생님이 요리도 잘해서 가끔씩 내가 배우기도 했다. 지금 이 순간, 담임선생님처럼 늘 챙겨주던 따뜻한 마음을 가진 보건 선생님 안부가 궁금해진다.

감이 익었으니까요

친정집 가는 마을 어귀에 들어섰다. 하양 분홍 진분홍빛 코스모스가 내 마음을 꿈 많던 소녀 시절로 되돌려 놓는다. 살랑대는 바람결에 빛깔 고운 한복을 차려입은 여인처럼, 수줍은 듯 가만가만 조신하게 흔들거린다. 친정 가는 백 리 길 중 나는 가을날의 이 길을 가장 좋아해서, 이곳에 들어설 때마다 항상 가슴이 설렌다.

길 가장자리에는 무더운 여름날을 이겨내고 붉은빛을 내기 시작한 벚나무 아래, 황금빛을 띠며 무겁게 고개 숙인 벼와 예쁜 색색의 코스모스들이 서로 조화를 이루며 가을이 왔다고 속닥거린다. 그리고 친정집 마당에 들어서면 앞뜰 수돗가 옆에 서 있는 감나무에서, 탐스럽고 곱게 익어가는 감을 보며 다시 한번 완연한 가을이 왔음을 느낀다.

며칠 전 무관심 속에 버려두다시피 한 감나무 밭에 가서 단감을 땄다. 작고, 벌레 먹고, 못생기고, 제멋대로 생긴 단감들이다. 농작물은 주인의 발걸음 소리를 듣고 자란다는데, 주인이랍시고 일 년에 한두 번씩 빤히 쳐다만 보고 왔으니 뭐라 할 말도 없다. 꽃이 필 때 벌레약도 치고 풀도 뽑아줘야 하는데 그냥 방치해 뒀으니, 그렇게라도 달려 있는 것이 고맙고 신기할 따름이다.

처음 감나무 묘목을 심었을 땐 열심히 다니며 가꾸었지만, 지금은 멀다는 핑계로 가을이면 감만 따러 다녔다. 풀 속에서 제대로 자라지도 못한 채 주인을 원망하는 눈초리로 바라보는 단감들을, 우린 조금 미안스러워하며 조심스럽게 거두어들였다.

유년 시절 내가 살던 시골에는 산이 없는 들녘이라서 감나무 있는 집이 거의 없었다. 이맘때쯤이면 넓은 들판에 고개가 무거워진 벼들만 황금빛으로 출렁거렸다. 귀한 감을 먹기 위해서는 버스도 다니지 않는 깊은 산중 오지 마을까지 가야 했다. 해마다 가을이 오면 어머니는 동네 아주머니들과 시오리가 넘는 먼 길을 걸어서 감을 사 오셨다.

어머니가 감을 사러 가신 날 오후에는, 동생들과 함께 마을 어귀에서 이제나저제나 어머니가 오시기만 기다렸다. 어머니는 똬리를 틀어 머리에 얹고 광주리에 두세 접씩 감을 담아 이고 오셨다. 머리와 목이 얼마나 아팠을까. 자식들 먹일 생각에 아픈 고달픔쯤이야 아예 잊으셨으리라.

어머니는 힘들여 사 오신 감을 하루라도 빨리 자식들을 먹이려고, 절반으로 나누어 떫은맛을 없애기 위해 된장을 푼 따끈한 물에 담가 아랫목에 이불을 씌우고 하룻밤을 재웠다. 우려서 떫은맛이 없어진 감은 이튿날 바로 먹을 수 있어서 좋았다. 나머지 감은 뒤뜰 장독대에 질그릇으로 된 시루 속에 넣었다. 지푸라기 한 주먹씩 켜켜이 깔고 그 위에 감 넣고 시루 안을 가득 채워서 겨울에 먹을 수 있는 홍시로 만들었다.

꽃송이 같은 함박눈이 소리 없이 내리는 날, 어머니는 시루 속의 홍시를 꺼내 오시고 따뜻한 아랫목에 온 가족이 둘러앉아 먹었던 차가운 홍시는 꿀보다 더 달았다. 간식이래야 겨우 고구마나 먹던 그 시절 우리에게 감은 최고급 간식이었기에, 겨우내 아껴가며 이가 시리도록 먹었던 행복하고 아련한 추억이 있다. 다디단 그런 감을 어머니도 꽤나 좋아하셨다.

이십여 년 전 팔순 되시던 해, 우리 곁을 떠나신 어머니. 유난히도 무덥던 그해 여름 삼복더위에 돌아가시기 며칠 전이었다. 모든 음식 다 마다하시고 홍시감이 드시고 싶다 해서, 많은 노력을 했지만 구할 수가 없었다.

옛날이야기에 나오는 효자들은 오뉴월에도 깊은 산속에서 홍시를 구해다 부모님을 살렸다는데, 무더운 한여름이라는 이유로 구하지 못해 끝내 못 드린 채 먼 길 그냥 보내 드렸다. 자식이 먹고 싶다면 어머니는 기어이 감을 구해 오셨을 것 같아, 스무 해가 훨씬 지난 지금도 감을 볼 때마다 인자하셨던 어머니의 얼굴이 떠올라 죄스럽기만 하다.

어머니가 떠나실 무렵도 지금처럼 더운 여름날 아이스크림 같은 홍시를 쉽게 구할 수 있고, 풍성한 감들이 곱게 익어가는 이렇게 아름다운 가을날이었더라면…….

"어머니! 지금 이 순간 당신이 참 많이 그립습니다. 어머니가 좋아하시던 감이 또 익었으니까요"

길 위의 사람들

바닷가 옆 울창한 소나무 숲이다. 상큼한 바람을 내어주는 이곳에서 오늘 밤 신세를 지고 가려 한다. 동쪽에는 송림 숲 위로 예쁜 실눈썹 달이 뜨고, 서쪽으로는 수평선을 향해 가고 있는 붉은 노을이 걸음을 재촉한다. 뜨고 지는 멋진 장면을 동시에 감상할 수가 있다. 머릿속을 청량하게 만드는 솔 향내를 맡으며, 시간에 쫓기지 않고 여유롭게 바라볼 수 있어 좋다.

젊은 시절 휴가철만 되면 승용차도 없이 배낭 메고 텐트 하나 달랑 들고, 아이들 손잡고 계곡으로 산으로 다녔다. 멀리 섬 여행 갈 때는 버스를 두 번씩 갈아타고, 멀미를 감수하며 배를 타고 가도 힘든 줄 몰랐다. 큰 배낭 속에는 하룻밤이나 이틀 밤을 해결해야 할 의식주가 다 들어있었다. 작은 집 한 채를 등에 짊어지고 다녔다.

수년 전부터 시골살이 하고 싶어 몸살을 앓던 중, 어찌어찌하여 정말 꿈같은 시골생활을 할 수 있었다. 막연히 낭만적일 거라는 생각으로 원했던 것은 아니다. 어느 곳에서 생활을 해도 장점과 단점이 있으리라. 친구들과 지인들은 시골생활은 벌레와 쥐 땜에도 하기 어렵다는 말을 했다. 당연히 여름엔 도시보다 벌레들이 많다. 그런 정도 예상을 안 했더라면 시골생활을 하지 말았어야지.

요즘은 도시나 시골이나 길고양이들이 너무 많아 쥐들은 거의 볼 수 없다. 시내 아파트 보다 당연히 벌레는 많았지만 시골생활의 복병은 따로 있었다. 채소 심고 꽃 심으며 텃밭 가꾸는 것을 좋아하던 나는, 밭일에 너무 욕심을 내다보니 무릎 연골이 파열되는 지경까지 이르렀다. 몇 개월 간 병원을 오가며 무릎 상태는 많이 좋아졌지만, 시골생활을 계속해야 할지 그만두어야 할지 마음의 갈등이 생겼다.

그럴 즈음 남편의 친구가 캠핑카 얘기를 했다. 구태여 시골에 정착하지 말고 바다가 있는 섬이나 산골 어디든 가고 싶은 곳에 가서 며칠씩 살아보는 것도 괜찮다고. 본인 차도 캠핑카로 개조해서 다니고 있는데 너무 좋다고 했다. 평상시도 여행 다니는 것을 좋아하는 남편은 솔깃해했다. 무릎 때문에 이제 더 이상 시골살이가 어려울 것 같아 나도 흔쾌히 그러자고 했다.

미룰 것 없이 더 나이 먹기 전에 시작해 보자고 말 꺼낸 지 일주일 만에 덜컥 저질렀다. 정식 캠핑카는 가격도 만만찮아 수천만 원에서 억대가 넘어가고 주차하는 것도 장소가 제한되어 있다. 우린, 먼저 시작해서 캠핑카 속내를 잘 아는 남편 친구가 알아봐 준 중고 캠핑카로, 출·퇴근도 할 수 있게 개조한 12인승 승합차를 샀다.

작지만 살림살이에 필요한 크고 작은 온갖 물건들이 다 들어있다. 에어컨, 냉장고, 선풍기, 전자레인지, 텔레비전, 온수매트, 침구류, 서랍장 등등, 작은 차 안에 구석구석 빈틈없이 수납할 수 있는 수납장이 있어, 그런대로 며칠씩 지내기엔 큰 불편은 없다. 배낭에 살림 꾸려 다니던 때가 40여 년 넘었는데, 이제는 그야말로 의식주를 해결할 수 있는 소형 집 한 채를 끌고 다닌다.

승용차로 다닐 때는 몰랐는데 요즘 캠핑카가 대세라 한다. 아무리 바깥 생활이 좋아도 집 나오면 고생인데, 편하고 버젓한 집 놔두고 불편함을 즐기는 길 위의 사람들. 이렇게 많은 사람들이 캠핑 문화를 즐기는 줄 몰랐다. 바닷가든 산속이든 캠핑 장소로 알려진 곳이면, 꽤 넓어 보이는 장소에 온갖 크고 작은 캠핑카들이 꽉 들어 차있다. 대부분 아이들과 함께 온 사람들이지만 우리처럼 머리 희끗한 노부부도 간혹 있다.

오늘도 남편은 다음 주말 행선지는 어디가 좋을까, 전국에 캠핑카로 '차박(車泊)' 할 수 있는 좋은 곳을 찾기 위해 인터넷을 뒤지고 있다. 젊은 시절에도 힘든 야영생활을 즐기더니 지금은 훨씬 편해졌다며 열정이 대단하다. 이 생활을 몇 해나 더 할 수 있을지는 모른다.

제아무리 비단에 수를 놓은 듯 아름다운 산천도 뼛속까지 시원하게 해주는 깊은 계곡물도, 후텁지근하고 찌는 듯한 무더위에는 집에 비할 수가 없다. 캠핑이란 더울 때 해야지 추울 때는 하기 어렵다는 남편과 한여름에 집 떠나기 싫다는 나는 가끔은 의견이 맞지 않아 티격태격한다.

물러서지 않을 듯 기승을 부리던 더위가 요 며칠 사이 주춤거린다. 아침저녁 선선한 바람이 불어오니 이번 주말에는 길 위의 사람이 되고자 군소리 없이 따라나서야겠다.

속마음은 '그래도 나는 집이 젤 좋아'라고 하며.

삶의 쉼표

훌훌 털고 일어난 남편이 출근을 했다. 집안의 크고 작은 문들을 활짝 열어젖혔다. 초겨울의 소름 돋는 찬바람이 훅 들어왔지만 상쾌하고 청량함에 기분이 좋다. 열흘이 다 되도록 환기시키지 않고 꽉 닫아 놓은 문이다. 그 열흘 동안 머리 감는 것도 샤워하는 것도 하지 않았다. 겨우 이 닦고 고양이 세수만 했다. 평소에는 도저히 있을 수 없는 일이었다.

하루 이틀 머리 감지 않고 샤워하지 않으면 내 몸에 어떤 큰 변화가 일어날 줄 알았다. 아무런 일도 일어나지 않고 이렇게 편할 수가 없다. 누군가 우리 집에 올 일도 우리가 밖에 나가서 누구를 만날 일도 없었다. 열흘이 넘도록 산속에서 살고 있는 자연인처럼 살았다.

처음 며칠은 제대로 씻지 않음에 영 마음이 편치 않고 꺼림칙했으나, 열흘이 다 됐는데도 이제는 그 습관에 젖어 전혀 불편함을 못 느꼈다. 하루에도 온몸에서 땀이 났다, 식었다 하기를 몇 차례씩 반복했지만.

며칠 전 남편이 목이 아프고 기침이 난다 했다. 집안에 일이 있어 사흘이 멀다 하고, 대전 부산 서울 등 장거리 운전을 해서 피곤함과 함께 감기가 온 줄 알았다. 퇴근 후 남편은 식탁 위에 본인의 생년월일과 이름, 그리고 빨간 직인까지 찍힌 A4용지 한 장을 툭 던졌다. 어느 기관에서 준 표창장인 줄 알았다. 자세히 보니 병원에서 준 코로나 검사 양성 확인증이었다. 참 나! 하라는 예방접종을 다 했고 몇 년 동안 잘 버텨왔는데.

보이지도 만질 수도 없는 것이 온 세상 사람들을 불안과 공포로 사로잡았다. 누군가 말했다. 나무나 식물들도 추운 겨울을 버텨내기 위해서 가을에는 제 몸에 붙어있는 이파리들을 떨쳐 내 듯, 지구를 함부로 써버린 인간들을 향해 드디어 우주 만물을 창조한 조물주가 화가 났다고. 그래서 지구를 살리기 위해 큰 재앙으로 인간들을 솎아내느라 많은 생명을 앗아가고 견딜 수 없는 고통을 준다고.

그러고 보니 나도 목이 조금 아프고 몸이 나른했지만, 아직 검사 전이라 혹시 전염될까 싶어 저녁 식사도 따로 하며 격리 생활로 들어가기로 했다. 그러나 이미 바이러스가 내 몸에 침투된 후였다. 저녁부터 오한과 구토가 시작되더니 심지어 손톱과 발톱까지 안 아픈 곳이 없다. 아침까지 참아 보려 했으나, 갑자기 코로나 초창기에 선진국이라는 유럽에서 하루에도 몇 백 명씩 사망하는 환자들을 다룬 뉴스가 생각났다. 그 많은 사망자들을 성당 안에 쌓아두는 장면도 떠올라 덜컥 겁이 났다.

늦은 밤이었지만 무모하게 앉아 내일 아침까지 기다릴 이유가 없었다. 시골이라 대학병원처럼 규모가 크진 않아도 그래도 가장 크다는 의료원 응급실로 전화를 했다. 10분도 채 안 되어 구급차가 왔다. 이불이며 세면도구 등 아예 입원 준비를 했다. 그냥 가서 입원을 해도 되지만 누군가 가족 중에 입원 준비에 필요한 물건들을 가져다줄 수가 없기에. 남편도 이미 확진자여서 밖에 나올 수 없기 때문이다.

가방을 두 개나 싸서 준비해 갔지만 그건 내 욕심일 뿐이었다. 말이 좋아 응급실이지 간이식 환자용 침대 하나만 덜렁 있는 아주 협소한 공간이었다. 응급실에 들어서지도 못한 채 열 체크를 했다. 39도였다. 우선 해열제와 진통제가 들어있는 수액을 40여 분간 투여하고 사흘 동안 복용할 약과 함께 집으로 돌려보냈다. 입원을 하고 싶거든 내일 정상적인 근무 시간에 다시 시간과 입원실을 알아보라고 했다.

하루 차이로 남편과 나는 확진자가 되었다. 다른 사람들은 약하게 지나간 사람도 많이 있다던데 아파도 너무

심하게 아팠다. 남편은 기침을 심하게 하며 온몸에 땀을 비 오듯 흘리며 끙끙 앓았고 나는 더 했다. 약 효과가 떨어지면 오한과 구토가 이어졌고 온몸이 쑤셔댔다. 태어나서 지금까지 가장 심하게 아픈 것 같다. 이 방 저 방에서 서로 앓고 누워있으니 물을 마시고 싶어도 누군가 물 한 잔을 가져다줄 사람이 없다.

이틀째 되는 날 응급실에 또 전화를 했다. 도저히 못 견디겠으니 입원을 시켜달라고. 간호사인지 응급실 담당자인지 젊은 여자가 차분하게 하나하나 얘기를 해줬다. 대부분의 사람들이 3일 정도는 심하게 아파도 4일째부터 조금씩 호전된다고. 그리고 입원하게 되면 다 나아도 격리 기간 동안엔 퇴원할 수 없다며 하루만 더 참아보라고 했다. 그 말대로 입원하지 않길 잘했다.

남편도 나도 격리 기간 동안 그야말로 기본생활만 하면서, 아무런 일도 복잡한 생각도 않은 채 푹 쉬었다. 비록 며칠 동안 혹독한 아픔을 치르고 입맛도 없어 물만 마시고 전혀 냄새도 못 맡았지만, 마냥 쉬고 자고 TV 시청하고 몸과 맘이 이렇게 편히 쉬어보기는 정말 오랜만인 것 같다.

그랬다. 그동안 얼마나 바쁘게 살아왔던가. 직업으로 하는 일이야 당연하지만, 쉬어야 할 주말에도 그냥 홍건히 앉아 놀아 본 적이 별로 없다. 남편과 나는 없는 일도 기어이 만들고 찾아내서 하는 성격이다. 그것이 꼭 좋은 성격이 아니란 것도 알고 있다. 아직은 삶의 마침표 찍을 때가 되지 않았으니, 조금은 쉬면서 살아가라고 마침표 대신 삶의 쉼표를 준 것 같다.

조물주에게 솎음질 당하지 않았음에 안도하며 머리를 감고 거울을 봤다. 열흘 남짓밖에 안 지났는데 십 년 후에나 볼 수 있는 후줄근한 내 모습이 거기에 있다.

배냇저고리

장롱 속에 사십삼 년째 자리 잡고 있는 물건이 까칠하게 말했다. “도대체 우린 언제쯤 세상 밖으로 나갈 수 있지? 답답해서 더 이상 참을 수가 없어” “그깟 사십여 년인데 뭘 그래? 난 칠십 년째 이러고 있는데. 그래도 우리를 관리하던 주인이 십 년 전쯤 잠깐 바깥 구경시켜 줬잖아.” 둘이서 옛일을 추억하듯 떠들어도 삼십팔 년 된 물건은 잠자코 듣기만 한다. 대화 속에 끼일 수도 없다는 듯.

하나의 생명이 잉태되어 세상 빛을 보는, 축복의 순간에 입는 첫 의례복. 이 옷을 입는 순간부터 인생이 시작된다 할 수 있겠다. 태어나서 처음 접하게 되는 고귀한 옷이라 함부로 버릴 수가 없어, 남편의 배냇저고리와 두 딸의 배냇저고리를 가방에 담아 골동품처럼 장롱 속에 보관하고 있다.

칠십 년 전 시어머니도 그러셨을 것이다. 장남의 배냇저고리를 없애지 못하고 나에게 전해주셨다. 내가 간직하고 있는 두 딸의 배냇저고리와는 달랐다. 한 땀 한 땀 손바느질해서 시할머니가 만들었다는 첫 손주의 배냇저고리는, 무명천에 옷고름 대신 무명실을 여러 겹 꼬아서 노끈처럼 만들어져 있다. 실을 꼬아 옷고름을 만드는 것은 아기의 무병장수와 행운을 뜻하는 것이라 했다. 오랜 세월이 흘렀음에도 실밥 하나 뜯어진 곳이 없다.

두 딸의 배냇저고리는 보드라운 융으로 되어 있고 바느질도 손바느질이 아닌 기계로 만든 것이다. 요즘은 세월의 흐름에 맞춰 배냇저고리의 모양도 다양하게 변해있다. 아기의 손이 얼굴에 상처 줄까 봐 손 싸개가 달려있다. 그리고 미리 지어놓은 아기의 태명과, 태어나는 해의 띠별로 동물 그림을 수놓은 귀엽고 예쁜 모양으로 만들어진 옷도 있다.

남편과 두 딸의 배냇저고리는 십여 년 전 깨끗이 빨아 따뜻한 햇볕에 말리고, 선선한 바람까지 쏘여 가방에 잘 넣어뒀다. 요즈음 꺼내보니 젖과 우유가 묻어있던 부분은 여전히 누렇게 얼룩져 있다. 내 손바닥보다 조금 더 넓어 보이는 작은 옷 속에 아기의 몸이 들어갈 수 있다니, 볼수록 신기하다. 신생아였을 때는 몸이 이렇게 작았을까?

옛날에 어려운 시험을 보거나 재판을 하러 갈 때에, 배냇저고리를 몸에 지니고 가는 사람이 있었다고 했다. 행운이 따르고 재수 있는 옷이라 믿어, 시험에 합격하거나 재판을 이기는 좋은 결과가 있다는 말이 있었기 때문이다.

어느 유명 연예인이 필요한 사람들에게 가져가라고, 40여 년간 간직한 본인의 옷과 물건들을 내놓은 것을 봤다. TV에 나온 그 사람은 유명한 연예인이라 인지도가 있어, 그가 내어놓은 물건은 누구라도 빨리 가져갈 것이다.

오래되었지만 깨끗하고 쓸 만해도 배냇저고리는 누구를 줄 수가 없다. 장롱에 있는 가방 속이 답답하다는 두 딸의 배냇저고리는 이제 본인들에게 돌려줘야 할 때가 된 것 같다. 혼자 남아있는 남편 배냇저고리가 외롭지 않을까?

얼마 전 튀르키예와 시리아에 엄청난 지진이 났다. 날마다 몇 천 명씩 사망자가 늘어나 전혀 현실감이 느껴지지 않는 그곳. 아비규환 속에 200여 시간이 지났음에도 생존해 있는 사람들, 잔해 속에 묻혀 꺼내지도 못하고 이미 숨진 딸의 손을 놓지 못하는 아버지. 넋을 잃은 채 멍하니 허공만 응시하고 있는 애잔한 눈빛이, 너무 가슴 아파 생각하고 싶지 않은 모습들이다.

더구나 무너진 건물 속에서 간신히 숨만 쉬며 축 늘어진 채 구조된 신생아는, 전 세계 사람들의 놀라움과 충격이 아닐 수 없었다. 구조 당시 태어난 지 3시간쯤 되었다는 이 아기는, 아기를 지키기 위한 엄마의 필사적인 보호 속에 살아있는 것이라 했다. 비록 저세상 사람이 되어버린 엄마도 아기가 무사히 구조되었음을 믿고 있을 것이다.

한 생명이 신비롭게 잉태되어, 이 세상에 태어나는 일도 신의 뜻이라 했다. 이 신생아는 세상을 암흑으로 만들어버린 자연재해 속에서, 실오라기 하나 걸치지 않은 채 차디찬 몸으로 세상과 마주했다. 온몸이 시퍼렇게 멍들어 보는 사람들을 안타깝게 했지만, 정말 신의 뜻이었을까? 극단적인 상황에 살아 있다는 것이 기적이다.

혹한에 울지도 못하고 퍼렇게 질려있는 아기를 보는 순간, 우리 집 장롱 속의 배냇저고리가 생각났다. 옆에 있다면 두 겹 세 겹 감싸서 따뜻하게 꼭 안아 주고 싶다. 아니 마음은 벌써 따뜻한 배냇저고리에 싸인 아기가 내 품속에 와있다. 아기의 엄마도 아기가 태어나면 입히기 위해, 설레는 마음으로 배내옷을 준비해 두었겠지. 두려움 속에 생을 마감한 아기 엄마를 생각하니, 가슴속에 뜨거움이 차올라 눈물이 솟는다.

사랑하는 엄마 응원합니다

오늘 아침 출근길 창밖을 보니, 꽃송이 같은 함박눈이 소리 없이 내리고 있네요. 눈을 보면 늘 엄마 생각이 납니다. 차 막히고 신발이 젖어 싫다고 불평하는 저에게 엄만 늘 눈이 예뻐서 좋다, 온 세상을 하얗게 덮어주니 얼마나 보기 좋으냐? 말씀하시곤 했지요.

그땐, 엄마 나이에 아직도 저렇게 눈을 좋아할 수 있는 것일까 하는 생각을 했습니다. 하지만 엄마가 그렇게 눈을 좋아하는 순수한 마음씨를 가지셨기에, 글에 대한 열정도 아름다운 글도 쓰실 수 있는 것이었구나 하는 생각이 듭니다.

어렸을 때는 집에서 살림만 하시는 엄마가 별로였어요. 제 어린 눈에는 당당한 직업을 갖고 사회에 나가 활발하게 활동하는 친구 엄마들이 더 능력 있고 멋있어 보였거든요. 그래서 우리 엄마도 그냥 주부로만 있지 말고, 다른 것도 잘하는 엄마였으면 좋겠다는 생각도 여러 번 했었습니다.

사실, 엄마가 쓴 글을 책으로 만들어 보는 것이 작은 소망이라 고 말씀 하실 땐, 저는 몰랐습니다. 글쓰기를 배우고 싶다며 평생교육원 수필 반에 등록했다 하셨을 때도, 엄마가 학교에서 친구들도 만나고 취미생활하시는 것 정도로 생각했지요. 그런데 몇 해 전 어느 봄날, 엄마가 정식으로 문단에 등단했다는 말씀에 깜짝 놀랐지요.

그제야 생각났어요. 아, 우리 엄마도 하고 싶은 것도 있고, 잘하는 것도 있으셨구나 ……. 엄마는 당연히 우리 뒤에서 우리를 키워주고 살림만 하는 사람이라고 생각하며, 오로지 내 인생을 열심히 사는 것만이 효도라 생각하며 살아왔던 제 자신이 참 부끄럽고 또 미안했어요.

엄마가 첫 수필집을 내신다 하니 정말 감격스럽고 자랑스럽습니다. 책에 실릴 엄마의 글 속에는 항상 멀리 살았고, 지금도 멀리 살고 있는 큰딸인 저에 대한 얘기도 빠지지 않았을 거라 생각하니 글을 읽기도 전에 눈물이 날까 봐 걱정이 되고 기대도 됩니다.

오늘도 숨은 재능을 찾아 묵묵히 전진하고 계시는 엄마. 그동안 제가 엄마의 실력을 미처 알지 못해 정말 미안해요. 첫 수필집 출간을 다시 한번 축하드리며, 몸은 비록 멀리 있지만 진심을 다해 응원할게요. 파이팅!

2023년 4월

튀르키예 앙카라에서, 큰딸 혜련 올림

저자 약력 ……………………………………………………………………………

정정님

- 전북 부안 출생
- 2019년 《수필과비평》 〈민달팽이의 집〉 신인상 수상
- 아람수필문학회 회원
- 수필집 : 《어떤 선물》
- E-mail: jjl9557@hanmail.net

어떤 선물 - 정정님 수필집

초 판 1쇄 인쇄 —— 2023년 4월 15일
초 판 1쇄 발행 —— 2023년 4월 20일
지은이 —— 정 정 님
펴낸이 —— 전 두 표
펴낸곳 —— 도서출판 두남
서울시 강동구 성내로 6길 34-16 두남빌딩
신 고 : 제25100-1988-9호
TEL : 02) 478-2065, 2066, 2067, 2311
FAX : 02) 478-2068
E-mail : dnbooks@dunam.co.kr
http://www.dunam.co.kr

정가 15,000원

ISBN 978-89-6414-966-9 03810